小学生の勉強に役立つ！

日本全国47 まるわかり
都道府県別データ
1200

JN202367

県民.com 監修

はじめに

本書は全国47都道府県に関することや、そのなかでのそれぞれの地方（エリア）に関すること、全国縦断クイズでは、全国各地のお祭りや方言、全国の食べ物や歴史的人物の出身地、歴史的な出来事が起きた場所など全部で1200問もおさめられています。この1冊を最後までやり切れば、日本の地理、日本にある世界遺産、歴史はもちろんのこと、知っていれば話題のタネとなるような楽しい豆知識が身につきます。

問題の出題に当たっては、テストや中学入試に出てくるような問題はもちろん、学校では学ばないような全国に関する雑学問題もたくさん盛り込みました。

適齢期のお子さまには勉強用にご利用いただけることはもちろんのこと、ご両親など大人の皆さまには日本全国に関する基本的な知識を身につけるためにもご利用いただけるものです。ぜひご家族でお楽しみください。

県民.com
県民検定協会

※本書は2015年発行の『小学生の勉強に役立つ！ 日本全国47都道府県おもしろクイズ1200』を元に加筆・修正しています。
なお、クイズの内容は2018年9月までのデータを元に作成しています。

もくじ

北海道・東北エリア

- 北海道…8
- 青森県…10
- 秋田県…12
- 岩手県…14
- 山形県…18
- 宮城県…20
- 福島県…22
- 北海道・東北エリアクイズ…24

関東・甲信越エリア

- 茨城県…30
- 栃木県…32
- 群馬県…34
- 埼玉県…38
- 千葉県…40
- 東京都…42
- 神奈川県…44
- 山梨県…48
- 長野県…50
- 新潟県…52
- 関東・甲信越エリアクイズ…54

北陸・東海エリア

- 富山県…60
- 石川県…62
- 福井県…64
- 静岡県…68
- 愛知県…70
- 岐阜県…72
- 三重県…74
- 北陸・東海エリアクイズ…76

関西エリア

- 滋賀県…82
- 京都府…84
- 大阪府…86
- 奈良県…88
- 和歌山県…90
- 兵庫県…92
- 関西エリアクイズ…94

中国エリア

- 鳥取県…98
- 島根県…100
- 岡山県…102
- 広島県…104
- 山口県…106
- 中国エリアクイズ…108

四国エリア

- 香川県…110
- 愛媛県…112
- 徳島県…114
- 高知県…116
- 四国エリアクイズ…118

九州・沖縄エリア

- 福岡県…124
- 大分県…126
- 熊本県…128
- 佐賀県…130
- 長崎県…132
- 宮崎県…134
- 鹿児島県…136
- 沖縄県…138
- 九州・沖縄エリアクイズ…140

全国縦断クイズ

- その1 全国のおもしろいお祭り①…4
- その2 全国のおもしろいお祭り②…6
- その3 全国の名物(食べ物)①…16
- その4 全国のおもしろ方言①…26
- その5 全国のおもしろ方言②…28
- その6 全国の名物(食べ物)②…36
- その7 全国の名物駅弁…46
- その8 日本の世界遺産①(文化遺産編)…56
- その9 日本の世界遺産②(自然遺産編)世界無形文化遺産…58
- その10 現代著名人出身地クイズ…66
- その11 全国のご当地グルメほか&キャラクター①…78
- その12 全国のご当地グルメほか&キャラクター②…80
- その13 歴史人物の出身地…96
- その14 歴史上の事件・出来事の場所を知ろう…120
- その15 近現代の事件・出来事の場所を知ろう…122
- その16 まだまだあるよ日本で一番!…142

全国縦断クイズ その1
全国のおもしろいお祭り①

Q0001 日本三大雪祭りのひとつで、北海道内で行われるお祭りは？
① 二本松の提灯祭り
② さっぽろ雪祭り

Q0002 青森県新郷村で、ある宗教の教祖の墓の周りで行われるお祭りは？
① 大山犬祭り
② キリスト祭

Q0003 日本三大奇祭のひとつで、秋田県内で行われるお祭りは？
① なまはげ柴灯まつり
② ひげなで祭り

Q0004 岩手県奥州市内で1000年以上の歴史をもつといわれるお祭りは？
① 松明あかし ② 黒石寺蘇民祭

Q0005 山形県上山市内で行われる350年の歴史を持つお祭りは？
① カセ鳥 ② つぶろさし

Q0006 山形県鶴岡市内で、通行人に無言でお酒を振る舞うお祭りは？
① 北条祭り ② 化けもの祭り

Q0007 宮城県内で行われる日本三大船祭りのひとつは？
① 安城七夕祭り
② 塩竈みなと祭り

Q0008 福島県内で行われる日本三大喧嘩祭りのひとつは？
① 飯坂けんか祭り
② 新居浜太鼓祭り

Q0009 茨城県内で油売りが筑波山に大集結して行われるお祭りは？
① 油祭り
② ガマ祭り

Q0010 群馬県片品村で行われるある動物を追いかけるお祭りは？
① 与一祭り ② 猿追い祭り

Q0011 埼玉県小鹿野町で毎年12月に行われるお祭りは？
① 鉄砲まつり ② 刀まつり

Q0012 千葉県内で、鎌倉時代から始まったとされるお祭りは？
① でこ撫祭 ② 髭撫祭

答えは次のページにあるよ→

Q0013 東京都江東区内で行われる、江戸三大祭りのひとつは？
① 天神祭　② 深川祭り

Q0014 神奈川県内で行われる、日本三大港祭りのひとつは？
① 門司みなと祭　② 横浜開港祭

Q0015 長野県野沢温泉村で行われる、日本三大火祭りのひとつは？
① 野沢大火祭り　② 道祖神祭り

Q0016 長野県内で行われる、日本三大旗祭りのひとつは？
① 木幡の幡祭り　② 岳の幟

Q0017 新潟県内で毎年6月に行われる、江戸時代の中頃から始まったと伝えられるお祭りは？
① 妙見宮大祭
② しねり弁天たたき地蔵

Q0018 富山県内で毎年5月に行われる、県内で最も古いとされるお祭りは？
① 西馬音内盆踊り
② 高岡御車山祭

Q0019 石川県七尾市内で行われる、毎年5月に「でか山」と呼ばれる山車を曳くお祭りは？
① 青柏祭
② 帆手まつり

Q0020 福井県坂井市内で毎年5月に行われる、北陸三大祭のひとつは？
① よさこい祭り　② 三国祭

Q0021 静岡県島田市内で3年に1度、10月中旬に行われるお祭りは通称なんという？
① 帯まつり　② ぶっつけまつり

Q0022 愛知県内で行われる500年以上の歴史をもつお祭りは？
① 悪態祭り
② 尾張津島天王祭

Q0023 岐阜市内で毎年4月に行われる斎藤道三をたたえるお祭りは？
① まむしまつり　② 道三まつり

Q0024 三重県松坂市内で毎年7月に行われる松坂三大祭のひとつは？
① 松坂祇園祭　② 松坂牛まつり

Q0025 滋賀県内で行われる日本三大山車祭のひとつは？
① 琵琶湖曳山祭
② 長浜曳山祭

全国縦断クイズ その2
全国のおもしろいお祭り②

Q 0026 京都府内で行われる京都三大奇祭のひとつは？
❶やすらい祭　❷三国祭

Q 0027 京都市内で行われる京都三大火祭のひとつは？
❶河内火祭　❷鞍馬の火祭

Q 0028 大阪三大夏祭のひとつは？
❶愛染まつり　❷紀文まつり

Q 0029 大阪市内の四天王寺で行われる日本三大奇祭のひとつは？
❶どやどや　❷ごわごわ

Q 0030 奈良市で約1300年前に創建された神社で行われるお祭りは？
❶秋葉祭り　❷春日祭

Q 0031 和歌山県紀の川市内で行われる紀州三大祭のひとつは？
❶粉河祭　❷山あげ祭

Q 0032 鳥取県境港市内で毎年1月に行われる感謝祭はなにの豊漁を祝う？
❶カニ　❷スルメイカ

Q 0033 鳥取県境港市内で毎年3月上旬に行われるお祭りは？
❶怪獣ひなまつり
❷妖怪ひなまつり

Q 0034 兵庫県姫路市にある松原八幡神社で行われるお祭りは？
❶いくたま夏祭
❷灘のけんか祭り

Q 0035 島根県内で12年に一度行われる全国最大級の船祭りは？
❶ホーランエンヤ
❷ソーランソーラン

Q 0036 岡山三大だんじり祭のひとつは？
❶裸坊祭　❷津山まつり

Q 0037 広島市内で6月に行われる、ゆかたの着始め祭りは？
❶とうかさん大祭
❷とうさん大祭

Q 0038 平清盛によって広島県廿日市市内で行われるお祭りは？
❶貴船まつり　❷管絃祭

答えは次のページにあるよ→

Q 0039 山口県防府市にある天満宮で行われる、日本三大裸祭は？
① おんぱら祭
② 防府天満宮御神幸祭

Q 0045 大分県豊後高田市内で行われる日本三大裸祭のひとつは？
① 古式湯まつり
② 若宮八幡裸祭り

Q 0040 香川県丸亀市内で田植え前の田んぼで行われるお祭りは？
① 丸亀どろんこまつり
② 丸亀田植えまつり

Q 0046 熊本県八代市内で行われる九州三大祭りのひとつは？
① 大山犬祭り　② 妙見祭

Q 0041 愛媛県新居浜市の四国三大祭りのひとつは新居浜なに祭り？
① けんか祭り　② 太鼓祭り

Q 0047 佐賀県伊万里市で行われる日本三大喧嘩祭りのひとつは？
① 伊万里トコトコトン祭り
② 伊万里トンテントン祭り

Q 0042 高知県仁淀川町で行われる土佐三大祭りのひとつは？
① 秋葉祭り　② 御徒祭

Q 0048 長崎市の諏訪神社で行われるお祭りは？
① 長崎くんち　② 長崎どんたく

Q 0043 福岡市内で行われる日本三大祇園祭のひとつは？
① 博多祇園山笠　② 小倉祇園太鼓

Q 0049 宮崎県内で五穀豊穣、家内安全を祈って行われるお祭りは？
① 延岡大使祭り　② 初山まつり

Q 0044 福岡県久留米市内で行われる日本三大火祭りのひとつは？
① 河内火祭り
② 玉垂宮鬼夜

Q 0050 沖縄県石垣島北部の集落の盆まつりは？
① 毛馬内の盆踊
② 明石エイサー祭り

全国縦断クイズ その1の答え　0001.②さっぽろ雪まつり　0002.②キリスト祭　0003.①なまはげ柴灯まつり　0004.②黒石寺蘇民祭　0005.①カセ鳥　0006.②化けもの祭り　0007.②塩竈みなと祭り　0008.①飯坂けんか祭り　0009.②ガマ祭り　0010.②猿追い祭り　0011.②鉄砲まつり　0012.②髭撫祭　0013.①深川祭　0014.②横浜開港祭　0015.②道祖神祭り　0016.②岳の幟　0017.②しねり弁天たたき地蔵　0018.②高岡御車山祭　0019.①青柏祭　0020.②三国祭　0021.①帯まつり　0022.②尾張津島天王祭　0023.②道三まつり　0024.①松阪祇園祭　0025.②長浜曳山祭

北海道 HOKKAIDO

Q 0051
「少年よ大志を抱け！」とは、北海道にまつわるある人物の言葉だが、その人物とはだれ？
❶ マシュー・カルブレイス・ペリー
❷ ウイリアム・スミス・クラーク
❸ トーマス・ブレーク・グラバー
❹ ダグラス・マッカーサー

Q 0052
希少な動植物の生息地となっていることなどの理由から、ユネスコの世界自然遺産に登録されている場所はどこ？

Q 0053
北海道は土地の広さで日本一だが、その広さはどのくらい？
❶ 日本国土の約10％
❷ 日本国土の約20％
❸ 日本国土の約30％
❹ 日本国土の約40％

Q 0054
北海道最大とされる湖はどの湖？
❶ 阿寒湖
❷ サロマ湖
❸ 網走湖
❹ 厚岸湖

Q 0055
北海道には先住民族がいたが、その民族の名前はなに？
❶ アイヌ　❷ 蝦夷
❸ ミシハセ　❹ エスキモー

Q 0056
道産子は北海道生まれの人に対して使われる言葉だが、この地で生まれたある動物を指す言葉でもある。
それはなに？
❶ 羊　❷ 馬　❸ 鹿　❹ 犬

Q 0057
明治維新直後、旧幕府軍として箱館の五稜郭に立てこもり、新政府軍と戦った代表的な人物はだれ？
❶ 西郷隆盛　❷ 勝海舟
❸ 近藤勇　❹ 榎本武揚

Q 0058
北海道で一番長い川はなに？
❶ 十勝川　❷ 阿寒川
❸ 網走川　❹ 石狩川

答えは次のページにあるよ→

Q 0059 日本の一番北にある場所（離島を除いて）はどこ？
① 知床岬　② 宗谷岬
③ 襟裳岬　④ 白神岬

Q 0063 近年、札幌市でブームになり、その後日本全国に知られるようになった料理の名前は？
① スープカレー
② カレーピラフ
③ スープチャーハン
④ 海鮮茶漬け

Q 0060 根室名物の花咲蟹の別名はなに？
① ショウブガニ
② ザブトンガニ
③ コンブガニ
④ ジンメンガニ

Q 0064 日本の一番北にある動物園の名前はなに？
① おびひろ動物園
② 札幌市円山動物園
③ 釧路市動物園
④ 旭川市旭山動物園

Q 0061 日本の一番北に位置する鉄道の駅はなに？
① 稚内駅　② 根室駅
③ 室蘭駅　④ 小樽駅

Q 0065 北海道名物といえばジンギスカン鍋が有名だが、食材となる肉の種類はなに？

Q 0062 北海道には、釧路～羅臼までの間、日本で2番目に長い距離を走る路線バスがある。その路線の長さはどのくらい？
① 100km　② 135km
③ 164km　④ 187 km

Q 0066 阿寒湖でとれる丸い特別天然記念物といえば？

全国縦断クイズ その2の答え　0026.①やすらい祭　0027.②鞍馬の火祭　0028.①愛染まつり　0029.①どやどや　0030.②春日祭　0031.①粉河祭　0032.①カニ　0033.②妖怪ひなまつり　0034.②灘のけんか祭り　0035.①ホーランエンヤ　0036.②津山まつり　0037.①とうかさん大祭　0038.②管絃祭　0039.①防府天満宮御神幸祭　0040.①丸亀どろんこまつり　0041.②太鼓祭り　0042.①秋葉祭り　0043.①博多祇園山笠　0044.②玉垂宮鬼夜　0045.①若宮八幡裸祭り　0046.②妙見祭　0047.②伊方里トンテントン祭り　0048.①長崎くんち　0049.①延岡大師祭り　0050.②明石エイサー祭り

9

青森県 AOMORI

東北エリア　青森県

Q 0067 地元の伝統的な祭は「ねぶた」と「ねぷた」、どれが正しい？
① 青森ねぶた、弘前ねぷた
② 青森ねぷた、弘前ねぶた
③ どちらも「ねぶた」
④ どちらも「ねぷた」

Q 0068 津軽地方を代表する伝統的な楽器はなに？
① 二胡　② 和太鼓
③ 三味線　④ 琴

Q 0069 八戸港で獲れる日本一の漁獲量をほこる魚介類はなに？
① スルメイカ　② マダコ
③ タラコ　④ サンマ

Q 0070 県内で一番大きな湖はなに？
① 十和田湖　② 小川原湖
③ 十三湖　④ 十二湖

Q 0071 青森県と秋田県にまたがっている、世界自然遺産に登録されている場所はどこ？
① 白川郷　② 熊野三山
③ 丹沢山地　④ 白神山地

Q 0072 青森県出身者には昭和時代を代表する小説家がいる。代表作に『走れメロス』、『斜陽』、『人間失格』などがあるが、この作家はだれ？
① 石川啄木　② 太宰 治
③ 棟方志功　④ 寺山修司

Q 0073 「日本さくら名所100選」に選ばれた五所川原市にある桜の名所はどこ？
① 青森公園　② 桜林公園
③ 弘前公園　④ 芦野公園

Q 0074 青森県名産で日本三大美林のひとつに数えられる木の種類はなに？
① 杉　② 松　③ ヒバ　④ 檜

10

答えは次のページにあるよ→

Q 0075 全国の収穫量の半分以上を占める青森県の代表的な果物はなに？
① みかん ② ぶどう
③ りんご ④ なし

Q 0076 全国で一番の出荷量（全国シェアで70％以上）を占める野菜はなに？
① ごぼう ② だいこん
③ にんじん ④ にんにく

Q 0077 青森山田中学校・同高等学校の卒業生で、卓球で有名な人はだれ？
① 福原 香 ② 福原 愛
③ 福原 望 ④ 福原 優

Q 0078 本州最北端の灯台の名前は？
① 尻屋埼灯台
② 龍飛岬灯台
③ 大間崎灯台
④ 鮫角灯台

Q 0079 冬になると津軽鉄道に登場する、この地ならではの列車とは？
① 石炭列車
② ストーブ列車
③ 木炭列車
④ 雪んこ列車

Q 0080 全長26.455km、世界一長い陸上トンネルの名前はなに？
① 清水トンネル
② 八甲田トンネル
③ 中山トンネル
④ 飯山トンネル

Q 0081 青森市民が日本一消費している加工食品はなに？
① カップめん ② 缶詰
③ ソーセージ ④ かまぼこ

Q 0082 キリストの墓があると言われる村はどこ？
① 六ヶ所村 ② 田舎館村
③ 新郷村 ④ 蓬田村

北海道の答え 0051.② ウイリアム・スミス・クラーク 0052.知床 0053.② 日本国土の約20％ 0054.① サロマ湖 広さは151.82 km²、日本で3番目に広い湖。 0055.① アイヌ 0056.② 馬 なかでも「北海道和種馬」のことをよぶ。 0057.④ 榎本武揚 0058.④ 石狩川 長さ268km。 0059.② 宗谷岬 北海道稚内市にある岬。 0060.③ コンブガニ 0061.① 稚内駅 0062.③ 164km 0063.① スープカレー 0064.① 旭川市旭山動物園 0065.マトン（羊肉）0066.マリモ 藻が毬のように丸まっているから。

11

東北エリア　秋田県

秋田県 AKITA

Q 0083 秋田県の面積は全国で何番目に広い？
① 2番目　② 4番目
③ 6番目　④ 10番目

Q 0084 秋田県には大きな3つの平野がある。違うのはどれ？
① 庄内平野　② 能代平野
③ 秋田平野　④ 本荘平野

Q 0085 秋田県と隣ではない県はどれ？
① 宮城県　② 新潟県
③ 青森県　④ 岩手県

Q 0086 秋田県内には大館盆地、鷹巣盆地、横手盆地、花輪盆地の4つの盆地があるが、このうち最も広い盆地はどれ？
① 大館盆地
② 鷹巣盆地
③ 横手盆地
④ 花輪盆地

Q 0087 かつては日本で2番目に大きな面積の湖であったが、干拓によって現在は約9分の1程度にまで小さくなった灌漑用水調整池はなに？

Q 0088 秋田県の西部に位置し、中央に寒風山がある日本海につき出た半島は？
① 志摩半島
② 男鹿半島
③ 大隅半島
④ 国東半島

Q 0089 この半島の名物となっている民俗行事はなに？
① 犬っこまつり　② トンドウ
③ なまはげ　　　④ 水中綱引き

Q 0090 秋田県には水深約423mという日本一深い湖があるが、その湖の名前はなに？
① 十和田湖　② 五色湖
③ 太平湖　　④ 田沢湖

答えは次のページにあるよ→

Q 0091 江戸時代、秋田藩の初代藩主はだれ？
① 北条氏政　② 佐竹義宣
③ 石田三成　④ 江戸重通

Q 0092 東北三大祭りのひとつとされる秋田の祭はなに？
① 花笠祭
② よさこい祭
③ 七夕絵灯篭祭
④ 竿燈祭

Q 0093 秋田県にはうどんの日本三大名産地のひとつとされる場所があるが、そこで作られるうどんはなに？
① 稲庭うどん
② 讃岐うどん
③ 耳うどん
④ 甘ったれうどん

Q 0094 秋田県は日本三大地鶏の産地でもあるが、その鶏の名前はなに？
① 川俣シャモ　② 南部かしわ
③ 比内鶏　　　④ 道後地鶏

Q 0095 日本三大花火大会の一つに数えられる花火大会は毎年8月に秋田県内で開催されている。その市の名前はなに？
① 横手市
② 秋田市
③ 能代市
④ 大仙市

Q 0096 秋田県を代表する樹木で、日本三大美林の一つでもある日本特産の針葉樹の名前はなに？

Q 0097 樹齢60年以上、直径20cm以上の秋田スギを約25,000本使用した日本一大きい木造建築の建物はなに？
① 大館樹海ドーム
② 能代市立東雲中学校
③ 矢島町歴史交流館
④ 道の駅ひない

Q 0098 秋田県内で一番北にある駅はどこ？
① 秋田駅　② 男鹿駅
③ 大館駅　④ 岩館駅

青森県の答え　0067.① 青森ねぶた、弘前ねぶた　青森ねぶた祭は東北三大祭のひとつ。　0068.③ 三味線[津軽三味線]　0069.① スルメイカ　0070.② 小川原湖　0071.④ 白神山地　0072.② 太宰治　0073.④ 芦野公園　0074.③ ヒバ　0075.③ りんご　青森りんご。　0076.④ にんにく　0077.② 福原愛　0078.③ 大間崎灯台　0079.② ストーブ列車　0080.② 八甲田トンネル　0081.① カップめん　0082.③ 新郷村　かつての戸来村。

東北エリア　岩手県

岩手県 IWATE

Q 0099 旧南部藩領、特に遠野盆地を中心に多く見られる、母屋と馬屋が一体となったL字型の住宅を何とよぶ？

Q 0100 現岩手県出身で、シーボルトの鳴滝塾に学んだ江戸時代後期の蘭学者はだれ？
❶高野長英
❷渡辺崋山
❸佐久間象山
❹杉田玄白

Q 0101 岩手県出身で、歌集『一握の砂』を著した明治の代表的な歌人・詩人はだれ？

Q 0102 宮沢賢治（現・花巻市出身）の有名な「雨ニモマケズ風ニモマケズ」、この続きは？
❶冬ニモ夏ノ暑サニモマケヌ
❷雪ニモ夏ノ暑サニモマケヌ
❸夏ノ暑サニモ冬ノ寒サニモマケヌ

Q 0103 平安時代後期から鎌倉時代初期にかけて、平泉を中心に約100年間にわたる東北支配を行った大豪族の名前は？
❶蘇我氏　❷藤原氏
❸足利氏　❹日下部氏

Q 0104 岩手県出身の総理大臣は4人。原敬、齋藤實、米内光政と残りの一人は誰？
❶田中角栄　❷鈴木善幸
❸大平正芳　❹小泉純一郎

Q 0105 岩手県の面積は日本の都道府県で何番目？
❶1番目　❷2番目
❸3番目　❹4番目

Q 0106 三陸海岸を地形的に何とよぶ？
❶フィヨルド
❷三角江
❸リアス式海岸
❹砂州

答えは次のページにあるよ→

Q 0107 重要文化財に指定されている日本一の茅葺屋根のある建物はどれか？
① 湯野上温泉駅駅舎
② 参仁館
③ 正法寺
④ 黒石寺

Q 0108 日本三大鍾乳洞のひとつとされる岩泉町にある鍾乳洞はなに？
① 滝観洞　② 龍泉洞
③ 白蓮洞　④ 幽玄洞

Q 0109 平泉町にある国宝の名前は？
① 大崎八幡神社
② 中尊寺金色堂
③ 羽黒山五重塔
④ 円覚寺舎利殿

Q 0110 岩手県を中心に東北地方に伝えられる精霊的な存在で、いる家は栄え、いなくなると衰退すると言われる妖怪はなに？
① 砂かけ婆　② 座敷童子
③ ぬりかべ　④ からかさ小僧

Q 0111 全国の約32％を占める日本一の生産量をほこる燃料とはなに？
① 天然ガス　② 灯油
③ 石炭　　　④ 木炭

Q 0112 ビールの原料となるもので、日本一の生産量をほこるものはなに？
① コーンスターチ　② 二条大麦
③ ホップ　　　　　④ 米

Q 0113 遠野に残る伝説とはなに？
① 小野小町伝説　② 龍宮伝説
③ かっぱ伝説　　④ 夜泣き石伝説

Q 0114 『岩手』の名前の由来となったものが盛岡市にある。それはなに？
① 鬼の手形
② 鬼の足跡
③ サンダラボッチの手形
④ 天狗の手形

秋田県の答え　0083.③ 6番目 11,612km²、東京都の約5.3倍の広さ。 0084.① 庄内平野　0085.② 新潟県　0086.③ 横手盆地 面積は693km²で、東京23区や琵琶湖の面積とほぼ同じくらいの広さ。 0087.八郎潟 かつての面積は219km²、現在は27.7km²。 0088.② 男鹿半島　0089.③ なまはげ　0090.④ 田沢湖　0091.② 佐竹義宣　0092.④ 竿燈祭　0093.① 稲庭うどん　秋田県湯沢市稲庭町。 0094.③ 比内鶏　0095.④ 大仙市　0096.秋田スギ　0097.① 大館樹海ドーム　0098.④ 岩館駅

15

全国縦断クイズ その3
全国の名物（食べ物）①

全国各地の郷土料理・名物となっている食べ物を当ててみよう！

Q 0115 ①北海道
甘くておいしい食べ物は？

Q 0116 ②青森県
青森の地鶏といえば？

Q 0117 ③秋田県
すり潰したご飯を棒に巻きつけ焼いたものは？

Q 0118 ④岩手県
岩手県産の有名な和牛は？

Q 0119 ⑤山形県
山形県産の有名な和牛は？

Q 0120 ⑥宮城県
宮城県の港でとれる海産物は？

Q 0121 ⑦埼玉県
王道の醤油味は？

Q 0122 ⑧東京都
浅草名物といえば？

Q 0123 ⑨神奈川県
こたつの上で食べたくなる果物は？

Q 0124 ⑩山梨県
麺と野菜を味噌仕立ての汁で煮込んだ料理は？

16

答えは次のページにあるよ→

Q ⑪長野県
0125　特産の野沢菜や小豆などの餡を包んで焼いたり蒸したりしたものは？

Q ⑫新潟県
0126　さといもが欠かせないものといえば？

Q ⑬富山県
0127　サクラマスを酢で味付けしたものは？

Q ⑭石川県
0128　食材を発酵させて食べるものは？

Q ⑮福井県
0129　日本海の荒海で育った身の引き締まった魚を使うものは？

答えはここから選ぼう！

- a. 足柄みかん
- b. 前沢牛
- c. ほや
- d. 青森シャモロック
- e. 米沢牛
- f. おやき
- g. かぶら寿し
- h. 草加せんべい
- i. ます寿し
- j. 夕張メロン
- k. 雷おこし
- l. 小鯛のささ漬け
- m. きりたんぽ
- n. ほうとう
- o. のっぺい汁

岩手県の答え　0099.南部曲り屋　0100.❶高野長英　0101.石川啄木　0102.❷雪ニモ夏ノ暑サニモマケヌ　0103.❷藤原氏　奥州藤原氏とも言う。　0104.❷鈴木善幸　0105.❷2番目　1番目は北海道。　0106.❸リアス式海岸　0107.❸正法寺　奥州市水沢区黒石町にある。　0108.❷龍泉洞　0109.❷中尊寺金色堂　0110.❷座敷童子　0111.❹木炭　0112.❸ホップ　0113.❸かっぱ伝説　0114.❶鬼の手形

山形県 YAMAGATA

東北エリア　山形県

Q 0130 山形県の特産品で、全国生産量の約3分の2以上を占める果物の名前はなに？
1. りんご
2. ぶどう
3. さくらんぼ
4. 桃

Q 0131 松尾芭蕉が名句「閑かさや岩にしみ入る蝉の声」を詠んだ場所としても知られる山形市内にあるお寺は？
1. 立石寺
2. 海向寺
3. 真覚寺
4. 南岳寺

Q 0132 江戸時代前期に、山形藩初代藩主となったのはだれ？
1. 上杉景勝
2. 伊達政宗
3. 最上義光
4. 直江兼続

Q 0133 7世紀中ごろに出羽国（現山形県全域、一部を除く秋田県全域）がおかれたのはある人物の遠征がきっかけであった。その人物とはだれ？
1. 中大兄皇子
2. 小野妹子
3. 中臣鎌足
4. 阿倍比羅夫

Q 0134 明治以降新設された現在の山形県の旧国名は？
1. 羽前国
2. 羽後国
3. 陸中国
4. 陸前国

Q 0135 高湯温泉や白布温泉と並んで奥羽三高湯のひとつで、標高約900mにある温泉はどれ？
1. 瀬見温泉
2. 蔵王温泉
3. 赤倉温泉
4. 深湯温泉

Q 0136 山形県を代表する山のひとつで、湯殿山や羽黒山と並んで出羽三山と称されるもうひとつの山はなに？
1. 日山
2. 星山
3. 月山
4. 雲山

Q 0137 山形県米沢市に実際にあるカタカナの地名はなに？
1. アルペン
2. アルカディア
3. アッカデイ
4. アルカン

18

答えは次のページにあるよ→

Q 0138 毎年山形県では日本一の芋煮会フェスティバルが開催されているが、その会場となっている場所はどこ？
❶新庄市
❷山形市
❸米沢市
❹鶴岡市

Q 0142 山形県が推進する農産物などの統一キャッチフレーズ「おいしい山形」に使われているキャラクターの名前はなに？
❶スルリン　❷ペロリン
❸スリリン　❹コロリン

Q 0143 毎年4月に天童市の「天童桜まつり」の際に催されるイベントは次のうちどれ？
❶アマチュア将棋日本一決定戦　❷犬猫将棋
❸人間将棋
❹仮装将棋

Q 0139 芋煮会に使うのはなに芋？
❶タロ芋　　❷薩摩芋
❸ジャガイモ ❹里芋

Q 0144 庄内藩士をモデルにした映画「たそがれ清兵衛」（監督：山田洋次）の原作を書いた山形出身の作家は？
❶藤沢周平　❷楡 修三
❸池波正太郎 ❹童門冬二

Q 0140 山形市にある清源寺には、そこの和尚が、葬式や墓場から遺体を奪う妖怪を退治したという伝説が残っている。その妖怪とはなに？
❶一反木綿　❷カシャ猫
❸一本足　　❹豆狸

Q 0145 山形県産の新ブランド米の名前はなに？
❶つや姫　❷みのり姫
❸つる姫　❹つき姫

Q 0141 山形県の代表的な伝統工芸品はどれ？
❶置賜つむぎ　❷雄勝硯
❸春日部桐箪笥 ❹内山紙

全国縦断クイズ その3の答え
0115. j.夕張メロン　0116. d.青森シャモロック　0117. m.きりたんぽ　0118. b.前沢牛　0119. e.米沢牛　0120. c.ほや　0121. h.草加せんべい　0122. k.雷おこし　0123. a.足柄みかん　0124. n.ほうとう　0125. f.おやき　0126. o.のっぺい汁　0127. i.ます寿し　0128. g.かぶら寿し　0129. l.小鯛のささ漬け

19

東北エリア 宮城県

宮城県 MIYAGI

Q 0146 江戸時代初期、仙台藩の藩祖となった人物はだれ？
① 北条氏康　② 武田晴信
③ 伊達政宗　④ 福島正則

Q 0147 仙台市は東北地方最大の地方都市であるが、人口はどのくらいか？
① 約85万人　② 約108万人
③ 約135万人　④ 約160万人

Q 0148 その時代、仙台藩の石高は62万石あったが、これは全国で何位か？
① 第1位
② 第2位
③ 第3位
④ 第4位

Q 0149 仙台藩祖は1613年に外国に使者を派遣するが、その派遣団の名前はなに？
① 天保遣欧使節団
② 安政遣欧使節団
③ 慶長遣欧使節団
④ 寛永遣欧使節団

Q 0150 その派遣団の責任者であり、初めて太平洋・大西洋の横断に成功した日本人とされたのはだれ？
① 大久保長安　② 支倉常長
③ 黒田官兵衛　④ 榊原康政

Q 0151 宮城県にある日本三景のひとつはなに？
① 緑島　② 傘島
③ 松島　④ 杉島

Q 0152 宮城・岩手・青森の3県にまたがる太平洋岸ぞいの地域を何と言うか？

Q 0153 東北三大祭りのひとつとされ、毎年仙台で8月初旬に行われる祭りの名前はなに？
① 七夕祭り　② 花笠まつり
③ 竿燈まつり　④ 七夕花火祭り

答えは次のページにあるよ→

Q 0154 古くから東北鎮護とされ、東北地方きっての大社で、国の重要文化財にも指定されている神社の名前はなに？
① 浦戸神社　② 塩竈神社
③ 多賀城神社　④ 宮城野神社

Q 0155 宮城県の代表的な祝い唄（民謡）はなに？
① ドンパン節　② 花笠音頭
③ さんさ時雨　④ 安来節

Q 0156 気仙沼の特産品はどれ？
① ナマコ　② フカヒレ
③ エビ　④ イクラ

Q 0157 宮城県の代表的な伝統工芸品はなに？
① こけし　② 銅器
③ たんす　④ 竹細工

Q 0158 宮城県を代表する水産物で、「海のミルク」とよばれるものはなに？
① ホヤ　② シラス
③ タコ　④ カキ

Q 0159 8世紀半ば、日本ではじめて金が産出されたことを祝い、聖武天皇の詔により創建されたと伝えられる県内にある神社はなに？
① 御金神社　② 男金神社
③ 金神社
④ 黄金山神社

Q 0160 柿の実を採らずに放置しておくと現われるという、仙台市に伝わる妖怪の名は？
① タンクコロ　② ダンコロロ
③ タンコロリン　④ ダンダンコロリ

Q 0161 宮城県に伝わる妖怪伝説のひとつで、天然痘を流行させ、病死した人間を食べたとされる妖怪の名前はなに？
① 疱瘡婆　② 天然痘婆
③ 疱瘡爺　④ 天然痘爺

山形県の答え　0130.❸ さくらんぼ　0131.❶ 立石寺　0132.❸ 最上義光　0133.❷ 阿倍比羅夫　0134.❶ 羽前国　0135.❷ 蔵王温泉　0136.❸ 月山　0137.❷ アルカディア　英語で「桃源郷」という意味。0138.❷ 山形市 馬見ヶ崎川河川敷でやっている。0139.❹ 里芋　0140.❷ カシャ猫　0141.❶ 置賜つむぎ　0142.❷ ペロリン　0143.❸ 人間将棋　0144.❶ 藤沢周平　0145.❶ つや姫

福島県 FUKUSHIMA

東北エリア　福島県

Q 0162
県内には風力発電以外にもエネルギー分野において日本一の生産量をほこるものがあと2つある。それは何と何か？
❶ 天然ガスと原油
❷ 原子力発電と地熱発電
❸ 原油と地熱発電
❹ 天然ガスと原子力発電

Q 0163
県内には日本最大規模の風力発電所があるが、その名前はなに？
❶ 石廊崎風力発電所
❷ 郡山布引高原風力発電所
❸ 田原風力発電所
❹ 仁賀保高原風力発電所

Q 0164
県の代表的な伝統工芸品のひとつとして、浪江町に発祥した個性的な焼き物があるが、それはなに？
❶ 大堀相馬焼　❷ 成島焼
❸ 会津本郷焼　❹ 越前焼

Q 0165
戊辰戦争時、会津藩で組織された部隊は、朱雀隊・青龍隊・玄武隊ともうひとつは？

Q 0166
現在の福島県は、3つの県が合併してできた県であるが、それはなに？
❶ 平県・二本松県・若松県
❷ いわき県・二本松県・会津県
❸ 勿来県・郡山県・若松県

Q 0167
県内は、それぞれの地域の特徴により「〜通り」とよぶ3つの地方に分かれている。「浜通り」と「中通り」ともうひとつは？
❶ 山通り　❷ 島通り
❸ 森通り　❹ 外通り

Q 0168
幼児期に、手にやけどをしたことがきっかけで、その後医学の道を歩み、黄熱病の研究等に多大な功績を残した人物はだれか？

Q 0169
源平合戦で敗れた平家の落人が開いたと言い伝えられている村の名前は？
❶ 湯川村　❷ 昭和村
❸ 会津坂下村　❹ 檜枝岐村

答えは次のページにあるよ→

Q 0170 現存する日本最古の自然公園が白河市にある。その自然公園の名は？
❶弁天山公園　❷南湖公園
❸あぶくま親水公園
❹吾妻運動公園

Q 0174 日本ナシの収穫量で福島県は全国で何番目か？
❶1番目　❷2番目
❸3番目　❹4番目

Q 0171 歴史が古く、日本の三古湯のひとつとされ、江戸時代は浜通り地方唯一の温泉宿場町として栄えた温泉場は？
❶いわき湯本温泉
❷天神岬温泉
❸玉の湯温泉
❹新田川温泉

Q 0175 全国で2番目に多い収穫量をほこる果物がある。それはなにか？
❶りんご　❷もも
❸夏みかん　❹ぶどう

Q 0172 さやいんげんの収穫量で福島県は全国で何番目か？
❶2番目　❷4番目
❸5番目　❹10番目

Q 0176 明治政府が手掛けた最初の大規模土木工事とされるものはどれか？
❶田畑の開墾
❷磐梯山のトンネル工事
❸安積疎水　❹国有鉄道の敷設

Q 0173 福島県の広さは全国で3番目だが、東京の約何倍の広さか？
❶約2倍　❷約4倍
❸約6倍　❹約8倍

Q 0177 福島県と隣り合っているのは、宮城県・山形県・新潟県・栃木県・群馬県と、あと1県は？

宮城県の答え　0146.❸伊達政宗　0147.❷約108万人[2017年5月1日現在]で、この地方唯一の政令指定都市。　0148.❸第3位　金沢藩、薩摩藩に次いで。　0149.❸慶長遣欧使節団　0150.❷支倉常長　0151.❸松島　0152.三陸地方　0153.❶七夕祭り　正式には仙台七夕祭りという。　0154.❷塩竈神社　0155.❸さんさ時雨　0156.❷フカヒレ　0157.❶こけし　正式には宮城伝統こけしという。　0158.❹カキ　0159.❹黄金山神社　砂金が発見されたのが始まり。　0160.❸タンコロリン　0161.❶瘡痍婆

エリア別 北海道・東北エリア

エリア別クイズ 北海道・東北エリア

Q 0182 東北地方の中央を南北に縦断する山脈に「奥羽山脈」があるが、その長さはどのくらい？
① 約300km　② 約500km
③ 約800km

Q 0178 北海道南西部から長野県北東部に至る火山群で、栃木県のある山にちなんでつけられた火山帯の名称はなに？

Q 0183 世界一速い新幹線の名前は？
① 山陽新幹線「のぞみ」
② 東海道新幹線「ひかり」
③ 東北新幹線「はやて」

Q 0179 北海道の面積と東北6県の面積、どちらが広い？
① 北海道の方が広い
② 東北6県の方が広い

Q 0184 那須火山帯とほぼ並走している火山帯に「鳥海火山帯」があるが、そのなかの最高峰の鳥海山の高さはどのくらい？
① 1572m　② 1725m
③ 2236m

Q 0180 東北6県のなかで、最も人口の少ない県はどこ？
① 青森県　② 山形県　③ 秋田県

Q 0185 北海道・東北エリアで一番高い山はどこ？
① 旭岳　② 燧ヶ岳
③ 岩木山

Q 0181 東京都と青森県をむすぶ高速自動車道に「東北自動車道」があるが、その正式名称はなに？
① 東北縦貫自動車道青森線
② 東北縦貫自動車道弘前線
③ 東北縦貫自動車道宇都宮線

Q 0186 日本一長い鉄道橋が東北新幹線のルートにあるが、それはなに？
① 第一北上川橋梁
② 第一最上川橋梁
③ 第一信濃川橋梁

答えは次のページにあるよ→

Q 0187 三陸海岸沿岸とは青森県南東端から宮城県の牡鹿半島までの海岸をいうが、その長さはどのくらい？
❶約400km ❷約600km ❸約800km

Q 0188 十和田八幡平国立公園は、何県にまたがっているか？
❶2県 ❷3県 ❸4県

Q 0189 秋田、岩手、宮城、山形の4県にまたがる「栗駒国定公園」は、ある山脈の中央部に位置するが、その山脈はなにか？
❶奥羽山脈 ❷飛騨山脈 ❸アルプス山脈

Q 0190 鳥海山を中心とした鳥海国定公園には、天然記念物に指定されたある動物の繁殖地「飛島」があるが、その動物とはなに？
❶ウミネコ ❷カワウソ ❸オオサンショウウオ

Q 0191 着工から全線開業まで日本一時間のかかった新幹線は「東北新幹線」だが、その期間はどのくらい？
❶8年 ❷25年 ❸39年

Q 0192 北海道と東北北部には日本固有の甲殻類が住んでいるが、それはなに？
❶アメリカザリガニ ❷ニホンザリガニ ❸テッポウエビ ❹タラバガニ

Q 0193 青森県と北海道をむすぶ「青函トンネル」の長さはどのくらい？
❶20.45km ❷40.56km ❸53.85km

Q 0194 6〜7世紀ごろ、東北に住む人々は大和朝廷から何とよばれていたか？
❶蝦夷 ❷アイヌ ❸蒙古人

福島県の答え 0162.❷原子力発電と地熱発電 0163.❷郡山布引高原風力発電所 0164.❶大堀相馬焼 0165.白虎隊 16,7歳の少年で結成された部隊。新政府軍に敗れて飯盛山で自刃した話は有名。 0166.❶平県・二本松県・若松県 0167.❶山通り 会津地方をいう。 0168.野口英世 0169.❹檜枝岐村 0170.❶南湖公園 1801年開園。 0171.❶いわき湯本温泉 0172.❶2番目 0173.❸約6倍 0174.❹4番目 0175.❷もも 0176.❸安積疎水 郡山市付近を灌漑する用水路をつくった。 0177.茨城県

全国縦断クイズ
全国のおもしろ方言①

全国横断クイズ　その4

Q 0195 北海道の方言で「おっちゃんこ」とはどんな意味？
❶おじさん　❷座る

Q 0196 「冷たい」を青森県の方言でなんという？
❶しゃっこい　❷どっこい

Q 0197 秋田県の方言で「うまぐね」とはどんな意味？
❶美味しくない　❷良くない

Q 0198 福島県の方言で「おじゃんこ」とはどんな意味？
❶じゃんけん　❷正座

Q 0199 山形県の方言で「うらやましい」をなんという？
❶かなりいい　❷けなりいい

Q 0200 宮城県の方言で「あんたはかだっぱりだ」とはどんな意味？
❶意地っ張りだ　❷変人だ

Q 0201 茨城県の方言で「えびがに」とはなに？
❶えび　❷ザリガニ

Q 0202 昆虫のトンボのことを岩手県の方言でなんという？
❶どげずぼっぽ
❷あげずぼっぽ

Q 0203 栃木県の方言で兄のことをなんという？
❶せな　❷けな

Q 0204 「ほんの少し」を群馬県の方言でなんという？
❶ほんのちょっと　❷うんとちょっと

Q 0205 埼玉県の方言で「あいけんち」しようと言われたらなにをする？
❶おにごっこ　❷じゃんけん

Q 0206 千葉県の方言で「テレビがちゃけた」とはどういうこと？
❶遠い　❷壊れた

Q 0207 東京都の方言で「左利き」のことをなんという？
❶ぎっちょ　❷かたちんば

Q 0208 神奈川県の方言で「へたこた」とはどういう意味？
❶少し　❷たくさん

26

答えは次のページにあるよ→

Q 0209 山梨県の方言で「ちょびちょびしちょ」とはどういう意味？
❶くよくよするな
❷いい気になるな

Q 0215 静岡県の方言で「おぞい」と言われた。どういう意味？
❶遅い ❷古い

Q 0210 長野県の方言で「くねっぽい」とはどういう意味？
❶子どもっぽい ❷大人びている

Q 0216 愛知県の方言で「がちゅ〜りからめし〜」とはどういう意味？
❶またおごって
❷また誘ってよ

Q 0211 新潟県の方言で「アイスクリーム」をなんという？
❶あいすくりん
❷あいすぼー

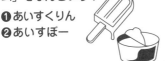

Q 0217 岐阜県の方言で「かんがえてけよ」とはどういう意味？
❶深く考えなさい
❷気をつけて行きなさいよ

Q 0212 富山県の方言で「ありがたーなってきた」って、どうなってきたの？
❶お腹がすく ❷ねむくなる

Q 0218 三重県の方言で「お兄さん」のことをなんという？
❶あんにゃん ❷にいにゃん

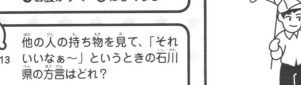

Q 0213 他の人の持ち物を見て、「それいいなぁ〜」というときの石川県の方言はどれ？
❶じ〜じぃ〜 ❷い〜じぃ〜

Q 0214 福井県の方言で「おっちょこちょい」をなんという？
❶まや ❷あや

Q 0219 滋賀県の方言で「ほかす」とはどういう意味？
❶ほったらかす ❷捨てる

北海道・東北エリアの答え 0178.那須火山帯 0179.❶北海道の方が広い 東北6県の面積は66,889km²で、北海道の約0.8倍の広さ。 0180.❸秋田県 約109万人。 0181.❷東北縦貫自動車道弘前線 0182.❷約500km 0183.❸東北新幹線「はやて」最高速度は時速320km。 0184.❸2236m 0185.❷燧ヶ岳 高さ2356m 0186.❶第一北上川橋梁 0187.❷約600km 0188.❷3県 青森、秋田、岩手の3県。 0189.❶奥羽山脈 0190.❷ウミネコ 0191.❸39年 0192.❷ニホンザリガニ 0193.❸53.85km 0194.❶蝦夷

全国縦断クイズ　その5
全国のおもしろ方言②

Q 0220 京都府の方言で「いけずな人」ってどんな人？
❶気さくな人　❷意地悪な人

Q 0221 大阪府の方言で「じゃんけん」をなんという？
❶えーじゃん　❷いんじゃん

Q 0222 奈良県の方言で「今、いたいしゃへん」とはどういうこと？
❶今、いない
❷ちょっと待ってて

Q 0223 和歌山県の方言で「おっぱ」ってなに？
❶おじさん　❷おんぶ

Q 0224 兵庫県の方言で「すごく寒い」ことをなんという？
❶えれー寒い　❷がっさ寒い

Q 0225 鳥取県の方言で「おぶう」とは？
❶水　❷果汁

Q 0226 「トウモロコシ」のことを島根県の方言でなんという？
❶さぶいぼ　❷なんばぎん

Q 0227 岡山県の方言で「とおしょん？」とはどういう意味？
❶寒いの？
❷下痢をしているの？

Q 0228 「清潔好き」な人のことを広島県の方言でなんという？
❶きれい　❷けがれ

Q 0229 「友達」のことを山口県の方言でなんという？
❶じんぐう　❷ちんぐう

Q 0230 「こわがりな人」のことを香川県の方言でなんという？
❶おとっちゃま　❷おかっちゃま

Q 0231 愛媛県の方言で「いぬる」とはどういう意味？
❶行く　❷帰る

Q 0232 「ゆっくり」と歩くことを徳島県の方言でなんという？
❶ごわごわ　❷しわしわ

Q 0233 機械などの「具合が悪い」ことを高知県の方言でなんという？
❶のうが悪い　❷頭が悪い

28

Q 0234 福岡県の方言で「ちゃぁちぃ」とはどういう意味？
❶小さい ❷壊れやすい

Q 0235 大分県の方言で「トイレ」のことをなんという？
❶カワヤ ❷トーマス

Q 0236 大分県の方言で「はまっち食いない」とはどういうこと？
❶遠慮せず、たくさん食べなさい
❷ハマチ、食べられますか？

Q 0237 熊本県の方言で「おばけ」のことをなんという？
❶ぎご ❷がご

Q 0238 熊本県の方言で「びっくりする」ことをなんという？
❶たまがる ❷ぐらっする

Q 0239 「どんだけ～?」を長崎県の方言でいうと？
❶どがしこ～? ❷なでしこ～?

Q 0240 佐賀県の方言で「台風」のことをなんという？
❶うーか ❷うーかじぇ

Q 0241 「そうそう」と相手に同意するときの宮崎県の方言はなに？
❶じょーじょー
❷じゃーじゃー

Q 0242 鹿児島県の方言で「いっぺこっぺ」ってなに？
❶そっち ❷あちこち

Q 0243 沖縄県の方言で「お母さん」をなんという？
❶あいめー ❷あんまー

Q 0244 沖縄県の方言で「さきぃるーだー」ってなに？
❶休日 ❷テスト

全国縦断クイズ その4の答え 0195.❷座る 0196.❶しゃっこい 0197.❷良くない 0198.❷正座 0199.❷けなりいい 0200.❶意地っ張りだ 0201.❷ザリガニ 0202.❷あげずぼっぽ 0203.❶せな 0204.❷うんとちょっと 0205.❷じゃんけん 0206.❷壊れた 0207.❶ぎっちょ 0208.❷たくさん 0209.❷いい気になるな 0210.❷大人びている 0211.❶あいすくりん 0212.❷ねむくなる 0213.❷い～じぃ～ 0214.❷あや 0215.❷古い 0216.❷また誘ってよ 0217.❷気をつけて行きなさいよ 0218.❶あんにゃん 0219.❷捨てる

関東エリア 茨城県

茨城県 IBARAKI

Q 0245 赤い鳥居と白い狐がシンボルとなっている稲荷神社。県内にある日本三大稲荷神社のひとつにあげられている稲荷神社はどれ？
① 波除稲荷神社　② 皆中稲荷神社
③ 笠間稲荷神社　④ 浦安稲荷神社

Q 0246 県内で田や畑になっている耕地面積の広さは全国で何位？
① 1位　② 2位　③ 3位　④ 4位

Q 0247 県内には、日本の三大河川のひとつで、日本一流域面積が広く、全長は日本で2番目の322kmの川が流れているが、その川の名前はなに？
① 茨城川　② 利根川
③ 鬼怒川　④ 桜川

Q 0248 滝は瀑布ともいうが、日本三大名瀑のひとつといわれる県内にある滝の名前はなに？
① 袋田の滝
② 竜頭の滝
③ 鈴ヶ滝
④ 大山滝

Q 0249 県内にある日本最初の原子力発電所の名前はなに？
① 川内原子力発電所
② 上関原子力発電所
③ 女川原子力発電所
④ 東海原子力発電所

Q 0250 生産量で全国で1位の品目はどれか？
① 牛乳　② 鶏卵
③ ごぼう
④ にんじん

Q 0251 日本三大花火大会のひとつとして、全国花火競技大会が毎年開催されるが、場所はどの地域で開催される？
① 水戸市　　② 土浦市
③ ひたちなか市　④ つくば市

Q 0252 江戸時代、水戸藩は徳川家康の十一男、頼房が初代藩主となって栄えた藩だが、この水戸の徳川氏は、尾張の徳川氏、紀伊の徳川氏とともに何とよばれたか。
① 五摂家　② 御三家　③ 御三卿

答えは次のページにあるよ→

Q 0253 水戸黄門として有名な水戸光圀（水戸徳川家2代目）が編纂した書物の名前はなに？
❶日本書紀　❷古事記
❸日本外史　❹大日本史

Q 0254 霞ヶ浦は日本の全ての湖沼の中で何番目の大きさか？
❶2番目　❷3番目
❸4番目　❹5番目

Q 0255 県内にある日本3大名園のひとつはなに？
❶後楽園　❷兼六園
❸偕楽園　❹千秋公園

Q 0256 県が日本一の生産量をほこる野菜はなに？
❶トマト　❷にんじん
❸ピーマン　❹キャベツ

Q 0257 県が日本一の生産量をほこる果物はなに？
❶ぶどう　❷メロン
❸みかん　❹ナシ

Q 0258 かつてギネスブックに認定された世界一大きな大仏・牛久大仏の高さは？
❶50m　❷100m
❸120m　❹200m

Q 0259 県内にある山で有名な筑波山の高さは何メートル？
❶707m　❷877m
❸997m　❹1007m

Q 0260 県内にある湖で、分類上は沼とされるものはどれ？
❶霞ヶ浦　❷筑波湖
❸千波湖　❹白鳥湖

全国縦断クイズ その5の答え　0220.❷意地悪な人　0221.❷いんじゃん　0222.❶今、いない　0223.❷おんぶ　0224.❷がっさ寒い　0225.❶水　0226.❷なんばぎん　0227.❷下痢をしているの？　0228.❷けがれ　0229.❷ちんぐう　0230.❶おとっちゃま　0231.❷帰る　0232.❷しわしわ　0233.❶のうが悪い　0234.❷壊れやすい　0235.❷トーマス　0236.❶遠慮せず、たくさん食べなさい　0237.❷がご　0238.❶たまがる　0239.❶どがしこ〜？　0240.❷うーかじぇ　0241.❷じゃーじゃー　0242.❷あちこち　0243.❷あんまー　0244.❷テスト

31

関東エリア　栃木県

栃木県 TOCHIGI

Q 0261 栃木県の県庁所在地は？
① 栃木市　② 佐野市
③ 宇都宮市　④ 足利市

Q 0265 日光東照宮に祀られている歴史的な人物はだれ？
① 徳川家康　② 徳川家光
③ 天海僧正　④ 伊達政宗

Q 0262 県内には日本最古の学校があるが、その学校の名前はなに？

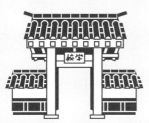

Q 0266 日光東照宮の神厩舎(馬小屋)に彫られた動物はなに？
① クマ　② タヌキ
③ キツネ　④ サル

Q 0263 16世紀に来日した宣教師で、その学校を世界に紹介したのはだれ？
① フランシスコ・ザビエル
② ニコライ・カサートキン
③ アレッサンドロ・ヴァリニャーノ

Q 0267 下都賀郡壬生町にあるひらがなの地名は？？
① ぶりきのまち
② こどものまち
③ おもちゃのまち
④ みんなのまち

Q 0264 日本三大名瀑のひとつで、中禅寺湖から流れ落ちる滝の名前は？

Q 0268 栃木県の特産品で、日本一の生産量をほこるのはなに？
① じゃがいも　② かんぴょう
③ 玉ネギ　④ まいたけ

答えは次のページにあるよ→

Q 0269 県の特産物のイチゴ。最も有名な品種はなに？
❶ ひめおとめ ❷ さのおとめ
❸ とちおとめ ❹ いおとめ

Q 0273 県内には3つの大きな川が流れている。それは那珂川と渡良瀬川とあとひとつはなに？
❶ 石狩川 ❷ 神通川
❸ 鬼怒川 ❹ 大和川

Q 0274 県内には日本三大銅山のひとつにあげられている有名な銅山がある。それはどこか？
❶ 足尾銅山 ❷ 別子銅山
❸ 多田銀山 ❹ 大江山鉱山

Q 0270 宇都宮市は日本一の消費量をほこっている食べ物がある。それはなに？
❶ 焼き鳥 ❷ カステラ
❸ ギョーザ ❹ ようかん

Q 0275 県内は畜産がさかん。なかでも生乳の生産量は全国で何番目に多いか？
❶ 1番目 ❷ 2番目
❸ 3番目 ❹ 5番目

Q 0271 現在の栃木市生まれの作家で、『女の一生』や『真実一路』、『路傍の石』などの著作で有名な人物はだれ？
❶ 石坂浩二 ❷ 志賀直哉
❸ 落合恵子 ❹ 山本有三

Q 0276 県内にある湖で、全国の10km²以上の面積をもつ湖のなかで、最も高い場所にある湖はどれか？
❶ 御苗代湖 ❷ 湯ノ湖
❸ 蓼ノ湖 ❹ 中禅寺湖

Q 0272 県の面積の広さは関東で何番目？
❶ 1番目 ❷ 2番目
❸ 3番目 ❹ 4番目

茨城県の答え 0245.❸ 笠間稲荷神社 0246.❸ 3位 0247.❷ 利根川 流域面積約16,840km²、群馬県・長野県・栃木県・茨城県・埼玉県・千葉県・東京都を流れている。 0248.❶ 袋田の滝 0249.❹ 東海原子力発電所 0250.❷ 鶏卵 0251.❷ 土浦市 土浦全国花火競技大会。 0252.❷ 御三家 0253.❹ 大日本史 0254.❶ 2番目 面積は167.7km²。 0255.❸ 偕楽園 0256.❸ ピーマン 0257.❷ メロン 0258.❸ 120m 0259.❷ 877m 0260.❸ 千波湖 ここの平均水深は1mしかない。

33

群馬県 GUNMA

関東エリア 群馬県

Q 0277 群馬県の県庁所在地はどこ？
① 桐生市　② 伊勢崎市
③ 前橋市　④ 高崎市

Q 0278 群馬県に古くから伝わる「かるた」の名前は？
① 上野かるた　② 下野かるた
③ 桐生かるた　④ 上毛かるた

Q 0279 野菜で日本一の収穫量があるのはなに？
① 山芋
② こんにゃくいも
③ ごぼう
④ ネギ

Q 0280 野菜で全国で第2位の収穫量があるのはなに？
① キュウリ　② トマト
③ なす　④ ピーマン

Q 0281 江戸時代には大名が好んで食べたことから、生産地（県内）では今でも「殿様ネギ」とよぶこともある、日本三大ネギのひとつはなに？
① 沼田ネギ
② 下仁田ネギ
③ 佐波ネギ
④ 甘楽ネギ

Q 0282 県内にある日本三名泉のひとつといわれる温泉はどこ？
① 万座温泉　② 五色温泉
③ 霧積温泉　④ 草津温泉

Q 0283 運転免許の保有率は全国で何位？
① 1位　② 2位
③ 3位　④ 4位

Q 0284 冬は「上州の○○」といわれる、群馬県に吹く風はなに？
① つむじ風　② 突風
③ からっ風　④ 木枯らし

答えは次のページにあるよ→

Q0285 日本の駅弁御三家といわれる信越本線横川駅で売られている駅弁はなに？
① 峠の釜めし　② ますのすし
③ いかめし　④ あなごめし

Q0286 鎌倉時代末期〜南北朝時代に活躍した人で、群馬県出身の歴史に名高い武将の名前は？
① 足利尊氏　② 楠木正成
③ 新田義貞　④ 源頼朝

Q0287 県内には、おとぎ話の「分福茶釜」で有名なお寺がある。そのお寺の名前は？
① 達磨寺　② 茂林寺
③ 水澤寺　④ 茂森寺

Q0288 県内には、駅の上りと下りのホームの高低差が81mあり、下りホームは地下70mの位置にある、鉄道マニアの間では、通称「モグラ駅」として親しまれているJR東日本上越線の駅はどの駅か？
① 群馬総社駅　② 土合駅
③ 八木原駅　④ 土樽駅

Q0289 縄文文化発生前の日本の旧石器時代の遺跡で、考古学上重要な発見とされている県内にある遺跡はなに？
① 板付遺跡　② 登呂遺跡
③ 吉野ケ里遺跡　④ 岩宿遺跡

Q0290 明治時代に政府がフランス製の機械を輸入して開業した官営模範工場はなにか？
① 桐生ガラス製造場
② 伊勢崎鉄工製造場
③ 渋川製紙工場　④ 富岡製糸場

Q0291 乳酸菌飲料の消費量で全国3位とされる群馬県内の市はどこ？
① 桐生市　② 渋川市
③ 前橋市　④ 伊勢崎市

Q0292 県内には鉄道のトンネルで、日本三大トンネルのひとつにあげられているものがある。それはどこか？
① 安房トンネル　② 関門トンネル
③ 大清水トンネル
④ 安治川トンネル

栃木県の答え　0261.③宇都宮市　0262.足利学校　0263.①フランシスコ・ザビエル　0264.華厳の滝　0265.①徳川家康　0266.④サル　0267.③おもちゃのまち　0268.②かんぴょう　日本の生産量の98%を占めている。　0269.③とちおとめ　イチゴの生産量は全国1位。　0270.③ギョーザ　0271.④山本有三　0272.①1番目　6408km²で関東一広い。　0273.③鬼怒川　0274.①足尾銅山　0275.②2番目　北海道の次に多い。　0276.④中禅寺湖　湖面標高が1269mもある。

全国縦断クイズ その6
全国の名物（食べ物）②

全国各地の郷土料理・名物となっている食べ物を当ててみよう！

Q ⑯静岡県
0293 世界中で駿河湾でしかとれないものは？

Q ⑰愛知県
0294 本場はやっぱりきしめん！といえば？

Q ⑱三重県
0295 大きさは通常20cmから大きなもので40cmになるものはなに？

Q ⑲滋賀県
0296 琵琶湖の冬の味。すき焼き鍋でつくる料理は？

Q ⑳大阪府
0297 枚方市でつくられる伝統の食品といえば？

Q ㉑奈良県
0298 サバや鮭のすしを柿の葉で包んだものは？

Q ㉒兵庫県
0299 卵とダシ汁をふんだんに使うたこ焼きといえば？

Q ㉓愛媛県
0300 たらいに入った麺をだし汁につけて食べるものは？

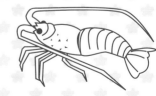

答えは次のページにあるよ→

答えはここから選ぼう！

- a. 伊勢海老
- b. たらいうどん
- c. 鴨すき
- d. 柿の葉ずし
- e. 桜エビ
- f. 皿うどん
- g. 明石焼き
- h. 河内そうめん
- i. 博多ラーメン
- j. 味噌煮込みうどん
- k. 南関そうめん
- l. 海ぶどう
- m. 完熟きんかん
- n. 祖谷そば
- o. パパイヤ漬物

Q 0301 ㉔徳島県
麺は、太くて短いのが特徴といえば？

Q 0302 ㉕福岡県
乳白色の豚骨スープが特徴といえば？

Q 0303 ㉖熊本県
250年の歴史がある食べ物は？

Q 0304 ㉗長崎県
揚げ麺が特徴といえば？

Q 0305 ㉘宮崎県
生で皮ごと食べることができる、とっても甘い食べ物は？

Q 0306 ㉙鹿児島県
奄美諸島特産の食べ物といえば？

Q 0307 ㉚沖縄県
海草の一種といえば？

群馬県の答え　0277.❸前橋市　0278.❹上毛かるた　0279.❷こんにゃくいも　全国の生産量の97%を占める。　0280.❶キュウリ　0281.❷下仁田ネギ　0282.❹草津温泉　0283.❶1位　県の人口における保有率は72%、つまり、だいたい10人に7人は免許を持っている。　0284.❸からっ風　0285.❶峠の釜めし　0286.❸新田義貞　0287.❷茂林寺　館林市にある。　0288.❷土合駅　0289.❹岩宿遺跡　0290.❹富岡製糸場　0291.❸前橋市　0292.❸大清水トンネル　長さが22,221mもある。

埼玉県 SAITAMA

Q 0308 埼玉県の県庁所在地はどこ？

Q 0309 江戸時代に江戸の文化が真っ先に伝わって繁栄し、「小江戸」とよばれた埼玉県内のかつての城下町はどこ？
❶行田　❷川越
❸春日部　❹秩父

Q 0310 お雑煮やお味噌汁などに入れて食べるある野菜は、埼玉県が全国一の収穫量をほこる。その野菜とはなに？
❶だいこん　❷にんじん
❸こまつな　❹山芋

Q 0311 埼玉県と隣り合う自治体は全部で7つ。東京都、茨城県、栃木県、群馬県、千葉県、長野県とどこ？

Q 0312 埼玉県の旧国名はなに？
❶相模国　❷常陸国
❸上総国　❹武蔵国

Q 0313 東日本最大といわれる、県内にある5世紀末から7世紀のころに築造された古墳群はなに？
❶さきたま古墳群
❷古市古墳群
❸百舌鳥古墳群
❹多摩川台古墳群

Q 0314 708年に日本で初めてつくられた貨幣の名前はなに？
❶洪武通宝
❷寛永通宝
❸和同開珎
❹永楽通宝

Q 0315 その他の野菜で、ホウレンソウやネギ、カブなどの収穫量は全国で同順位です。それらは何位？
❶1位　❷2位　❸3位　❹4位

答えは次のページにあるよ→

Q 0316 県内には全国一の生産量をほこる花の生産地があるが、この花とはなに？
① ゆり　② チューリップ　③ ラベンダー　④ バラ

Q 0320 県内にある日本一収容人数の多いサッカー競技場はなに？

Q 0317 埼玉県の市の数はいくつ？
① 15　② 28　③ 40　④ 54

Q 0321 県内には日本一広いショッピングセンターがあるが、それはどこ？
① 三井アウトレットパーク入間
② イオンレイクタウン
③ ららぽーと新三郷
④ イオンモール羽生

Q 0318 絢爛豪華な山車を曳き回す日本三大曳山祭のひとつにあげられているお祭りはなに？
① 長浜曳山祭
② 深谷祭
③ 春日部夜祭
④ 秩父夜祭

Q 0322 埼玉県を代表するプロサッカーチームに「浦和レッズ」があるが、その正式名称は？
① 浦和レッドブレーブス
② 浦和レッドプレイヤーズ
③ 浦和レッドダイヤモンズ
④ 浦和レッドハイランダーズ

Q 0319 県内には日本一幅（両岸の堤防間の距離）が広い川が流れている。その川の名前は？
① 毛長川　② 荒川
③ 中川　④ 宮前川

Q 0323 埼玉県の面積は日本の全面積の何分の1にあたる広さか？
① 約10分の1　② 約50分の1
③ 約100分の1　④ 約1000分の1

全国縦断クイズ その6の答え　0293. e.桜エビ　0294. g.味噌煮込みうどん　0295. a.伊勢海老　0296. c.鴨すき　0297. h.河内そうめん　0298. d.柿の葉ずし　0299. g.明石焼き　0300. b.たらいうどん　0301. n.祖谷そば　0302. i.博多ラーメン　0303. k.南関そうめん　0304. f.皿うどん　0305. m.完熟きんかん　0306. o.パパイヤ漬物　0307. l.海ぶどう

関東エリア 千葉県

千葉県 CHIBA

Q 0324 関東平野で最も東の端にあり、「世界灯台100選」に選ばれた灯台があるのは？
①日ノ御埼 ②観音埼
③犬吠埼 ④剱埼

Q 0325 プロ野球・読売巨人軍発祥の地は千葉県習志野市にあるが、そのどこか？
①習志野 ②谷津
③秋津 ④藤崎

Q 0326 千葉県の醤油生産量は全国1位。国産醤油の約30％を生産している。その主な生産地として、野田市ともうひとつはどこ？
①館山市
②木更津市
③松戸市
④銚子市

Q 0327 千葉県で生産量日本一をほこる果物はなに？
①びわ ②ナシ
③いちご ④キウイフルーツ

Q 0328 千葉県が生産量日本一をほこる豆類はなに？
①そら豆 ②大豆
③落花生 ④小豆

Q 0329 県内で一番高い山の名前はなに？
①嶺岡愛宕山 ②成田山
③真間山 ④山倉山

Q 0330 東京ディズニーランドがある場所はどこ？
①浦安市 ②船橋市
③君津市 ④市川市

Q 0331 東京湾アクアラインは千葉県木更津市と神奈川県のどこをつないでいる？
①横浜市 ②川崎市
③鎌倉市 ④横須賀市

40

答えは次のページにあるよ→

Q 0332 千葉県を代表する大きな沼が2つある。印旛沼とあとひとつは？

Q 0336 鎌倉時代に小湊の漁師の子に生まれ、のちにある宗教の開祖となった。著書に『立正安国論』などがあるこの人物はだれ？

Q 0333 千葉県で生産量が日本で1位〜3位までの野菜の名をあげているが、その中で日本一はなに？（答えは2つ）
❶ホウレンソウ ❷里芋
❸カブ ❹キャベツ

Q 0337 日本三大砂丘のひとつに数えられる砂浜海岸はどこ？
❶いなげの浜 ❷検見川浜
❸九十九里浜 ❹舞浜

Q 0338 千葉県出身で、江戸時代の測量家。全国の実地測量を行い、日本最初の実測地図である「大日本沿海輿地全図」の作製に尽力した人物はだれ？

Q 0334 県内には、日本一の水揚げ量をほこる港がある。それはどこか？
❶勝浦漁港 ❷大原漁港
❸銚子漁港 ❹小糸川漁港

Q 0335 日本三大タワーのひとつに数えられる、高さ125mもあるタワーはどれ？
❶地球の丸く見える丘展望館
❷銚子ポートタワー
❸千葉ポートタワー

Q 0339 県内には、車体を吊るように上にレールがある懸垂型のモノレール「千葉都市モノレール」が走っているが、その長さはどのくらい？
❶3.5km ❷10km
❸15.2km ❹20.4km

埼玉県の答え　0308.さいたま市　0309.❷川越　0310.❸こまつな　0311.山梨県　0312.❹武蔵国　0313.❶さきたま古墳群　0314.❸和同開珎「わどうかいほう」とも読む。　0315.❷2位　0316.❶ゆり　0317.❸40 全国都道府県の中で一番多い。　0318.❹秩父夜祭　0319.❷荒川 鴻巣市御成橋付近で2537mもある。　0320.埼玉スタジアム2002 6万3700人も収容できる。　0321.❷イオンレイクタウン なんと東京ドームの約8倍の広さ。　0322.❸浦和レッドダイヤモンズ　0323.❸約100分の1

41

東京都 TOKYO

関東エリア 東京都

Q 0340 東京23区で最も面積の大きい区は?
① 板橋区 ② 大田区
③ 墨田区 ④ 世田谷区

Q 0344 東京都出身で「裸の大将」で知られる日本の画家はだれ?
① 横山大観 ② 東郷青児
③ 山下清 ④ 山口華楊

Q 0341 日本三大タワーのひとつで、日本を代表する東京タワーの高さは何mある?
① 310m
② 320m
③ 333m
④ 340m

Q 0345 東京都には島を除いて唯一の村がある。その村の名前はなに?
① 檜木村 ② 檜野村
③ 檜原村 ④ 檜林村

Q 0346 東京都に所属しない島はどれ?
① 神津島 ② 三宅島
③ 久米島 ④ 八丈島

Q 0342 新宿駅の乗降客数は1日平均何万人?
① 約100万人 ② 約250万人
③ 約300万人 ④ 約360万人

Q 0347 日本三名橋のひとつに数えられる日本を代表する橋で、日本の道路の起終点を示す日本国道路元標が設置されている橋はどこ?
① 二重橋 ② 日本橋
③ 神田橋 ④ ひとつ橋

Q 0343 2012年に完成した東京スカイツリーの高さは?
① 334m ② 550m
③ 603m ④ 634m

Q 0348
現存する日本初で最古の動物園はどこ？
1. 上野動物園
2. 多摩動物公園
3. 大島公園動物園
4. 羽村市動物公園

Q 0349
日本一列車の発着数の多い駅はどこ？
1. 東京駅
2. 新宿駅
3. 秋葉原駅
4. 品川駅

Q 0350
都内の地下鉄駅で、最も地下深くにある駅はどこ？
1. 北千住駅
2. 飯田橋駅
3. 六本木駅
4. 溜池山王駅

Q 0351
テレビ局が5つもあるのは何区？

答えは次のページにあるよ→

Q 0352
東京都で一番高い山はどこ？
1. 高尾山
2. 雲取山
3. 鷹ノ巣山
4. 御前山

Q 0353
台東区浅草に鎮座する浅草神社の祭礼で、下町を代表する伝統的な祭礼の名前は？
1. 神田祭
2. 山王まつり
3. 三社祭
4. 東京時代まつり

Q 0354
東京都の収穫量が全国で4位の東京生まれの野菜はなに？
1. だいこん
2. こまつな
3. ごぼう
4. さつまいも

Q 0355
新島、八丈島などの、東京・伊豆諸島の特産品として知られ、昔から作られてきた干物の名前は？

千葉県の答え 0324.❸犬吠埼 0325.❷谷津 0326.❹銚子市 0327.❷ナシ 0328.❸落花生 全国の8割弱を生産している。 0329.❶嶺岡愛宕山 高さ408m、日本一低い「県内最高峰の山」。 0330.❶浦安市 舞浜にある。 0331.❷川崎市 0332.手賀沼 0333.❶ホウレンソウと❸カブ 0334.❸銚子漁港 イワシ、サバが多くとれる。 0335.❸千葉ポートタワー 0336.日蓮 日蓮宗の開祖。 0337.❸九十九里浜 0338.伊能忠敬 0339.❸15.2km この距離は懸垂型では世界最長。

43

関東エリア 神奈川県

神奈川県 KANAGAWA

Q 0356 日本のカレーライスのルーツといわれる横須賀海軍カレー。これはどこの国の海軍から取り入れたか？
①ドイツ ②イタリア ③イギリス ④オランダ

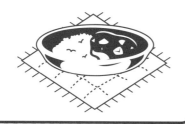

Q 0357 神奈川県内にある唯一の村はどこ？
①清瀬村 ②川上村 ③川瀬村 ④清川村

Q 0358 神奈川県内に東海道新幹線の停車駅は何駅ある？
①1駅 ②2駅 ③3駅 ④4駅

Q 0359 神奈川県で近い将来、絶滅が心配されている動物はなに？
①イノシシ ②ニホンシカ ③キツツキ ④ツキノワグマ

Q 0360 川崎市から横浜市にかけての臨海部を何工業地帯とよぶ？

Q 0361 ペリー提督の率いるアメリカ艦隊が、幕末に浦賀に来航した時の蒸気船は何隻だったか？
①2隻 ②3隻 ③4隻 ④5隻

Q 0362 そのペリー提督が来航したのはいつ？
①1820年7月8日 ②1851年7月8日 ③1853年7月8日 ④1854年7月8日

Q 0363 台座を含む高さ13.35mの鎌倉を代表する大仏像（鎌倉大仏）があるお寺は？
①鎌倉寺 ②高徳院 ③長谷寺 ④法性寺

答えは次のページにあるよ→

Q 0364 横浜市は、港とともに発展して大都市となっているが、人口はどのくらいか？
① 約140万人　② 約250万人
③ 約370万人　④ 約550万人

Q 0368 鎌倉市にある神社で、鎌倉時代には幕府の守護社として崇められた、日本三大八幡宮のひとつに数えられる神社はなに？
① 五所八幡宮　② 鶴岡八幡宮
③ 亀岡八幡宮　④ 若宮八幡宮

Q 0365 日本三大貿易港のひとつに数えられる横浜港に、1年間に出入港する船の数はどのくらい？
① 1万隻以上　② 3万隻以上
③ 5万隻以上　④ 7万隻以上

Q 0369 大正時代の関東大震災をきっかけに、県西部の丹沢・箱根山ろく一帯で作られはじめた作物はなに？
① とうがらし
② お茶
③ しそ
④ かぼちゃ

Q 0366 主にカジキやキンメダイ、マグロなどを水揚げしている日本有数の水揚げ港として有名な漁港はどこ？
① 三崎漁港
② 金田漁港
③ 平塚漁港
④ 茅ヶ崎漁港

Q 0370 江戸後期の18世紀後半、現在の小田原市に生まれ、のちに諸藩・諸村の復興に尽力した歴史上著名な農政家・思想家はだれ？

Q 0367 県内で生産される農産物の中で、こまつなの生産量は全国で何番目に多い？
① 1番目　② 3番目
③ 7番目　④ 10番目

Q 0371 現役最古の鉄道トンネル「清水谷戸トンネル」（東海道線）は今からおよそ何年前にできた？
① 約85年前　② 約100年前
③ 約125年前　④ 約150年前

東京都の答え　0340.② 大田区 59.46km²もある。　0341.③ 333m　0342.④ 約360万人 この数は世界一。　0343.④ 634m　0344.③ 山下 清 東京・台東区生まれ。　0345.③ 檜原村　0346.③ 久米島　0347.② 日本橋　0348.① 上野動物園　0349.① 東京駅 一日約4000本発着している。　0350.③ 六本木駅 都営地下鉄大江戸線・六本木駅で、海抜42mのところにある。　0351.港区 フジテレビ、テレビ朝日、テレビ東京、日本テレビ、TBSテレビがある。　0352.② 雲取山　0353.③ 三社祭　0354.② こまつな　0355.くさや

全国縦断クイズ その7
全国の名物駅弁

全国各地の駅で販売されている名物駅弁を当ててみよう！

Q 0372 ①北海道　海産物の中に餅米とうるち米を入れ、モッチリした食感と甘からい味が特徴

Q 0373 ②秋田県　秋田産の米を舞茸のだし汁で炊き込んだお弁当

Q 0374 ③山形県　国産の和牛をふんだんに使用したお弁当

Q 0375 ④宮城県　県産の銀ジャケとイクラのお弁当

Q 0376 ⑤群馬県　開運縁起のだるまにちなんだ駅弁

Q 0377 ⑥東京都　あさりとみそ汁とごはんがいっぺんに食べられるどんぶりめし

Q 0378 ⑦新潟県　コシヒカリのご飯の上に、とりそぼろや椎茸などを載せたお弁当

Q 0379 ⑧岐阜県　飛騨高山の代表的な郷土料理。糀みそを使う

Q 0380 ⑨三重県　日本で初めてブランド牛である松阪牛を使った駅弁

46

答えは次のページにあるよ→

答えはここから選ぼう！

- a. 鮭はらこめし
- b. わっぱ舞茸
- c. いかめし
- d. ほう葉みそ弁当
- e. 牛肉どまん中
- f. 桃太郎の祭ずし
- g. 雪だるま弁当
- h. かしわめし
- i. ふく寿司
- j. 豊のしゃも弁当
- k. かにちらし寿し
- l. 元祖特選牛肉弁当
- m. 瀬戸のあな子
- n. しゃもじかきめし
- o. ひっぱりだこ飯
- p. 深川めし
- q. だるま弁当

Q 0384 ⑬広島県
広島県名産の海産物を使ったユニークな容器のお弁当

Q 0385 ⑭山口県
下関名物の海産物を使ったお弁当

Q 0381 ⑩兵庫県
蛸漁に使用する蛸壺風の陶器に入れたお弁当

Q 0386 ⑮愛媛県
瀬戸内海で豊富にとれるあなごを使ったお弁当

Q 0382 ⑪鳥取県
鳥取県を代表する海産物を使ったお弁当

Q 0387 ⑯福岡県
鶏の炊き込みご飯

Q 0383 ⑫岡山県
岡山県に伝わるある伝説にちなんだお弁当

Q 0388 ⑰大分県
大分県のブランド地鶏を調理したお弁当

神奈川県の答え　0356.❸イギリス　0357.❹清川村　0358.❷2駅 新横浜駅と小田原駅。　0359.❹ツキノワグマ　0360.京浜工業地帯　0361.❶❷隻 来航した4隻のうち蒸気船は2隻。　0362.❸1853年7月8日　0363.❷高徳院　0364.❸約370万人 東京23区について日本第2の大都市。　0365.❹7万隻以上 日本一の海上貿易港。　0366.❶三崎漁港　0367.❸7番目　0368.❷鶴岡八幡宮　0369.❷お茶　0370.二宮金次郎または二宮尊徳　0371.❸約125年前 1887（明治20）年に開通。

47

山梨県 YAMANASHI

甲信越エリア　山梨県

Q 0389 山梨県の県庁所在地はどこ？
① 甲府市　② 韮崎市
③ 山梨市　④ 都留市

Q 0390 甲府盆地の西方向に、山梨県や長野県及び静岡県にまたがる南アルプスが南北に連なっているが、わが国で2番目に高い山がそこにある。その山の名前はなに？
① 東岳　② 西岳
③ 南岳　④ 北岳

Q 0391 富士五湖の中で最も透明度の高い湖はどれ？
① 山中湖　② 河口湖
③ 西湖　④ 本栖湖

Q 0392 山梨県で全国で一番の生産量をほこる果物はなに？
① ナシ　② ブドウ
③ かき　④ 西洋ナシ

Q 0393 同様に、全国で一番の生産量をほこる他の果物はなに？
① バナナ
② もも
③ パイナップル
④ みかん

Q 0394 川のたい積作用でできた扇型の平野を扇状地というが、甲府盆地の扇状地をつくった川はどれとどれ？（答えは2つ）
① 釜無川　② 丹波川
③ 笛吹川　④ 道志川

Q 0395 甲斐国（現山梨県）を支配し、越後国（現新潟県）の上杉謙信とたびたび合戦にいどんだ戦国時代の武将はだれ？

Q 0396 その武将に仕えた軍師の名前は？
① 黒田官兵衛　② 山中鹿之助
③ 山本勘助　④ 竹中半兵衛

48

答えは次のページにあるよ→

Q 0397 戦国時代、武田信玄の軍が徳川家康の軍と戦った合戦の名前は？
❶賤ヶ岳の戦い
❷三方ヶ原の戦い
❸山崎の戦い　❹長篠の戦い

Q 0401 富士山の山仕舞いを意味する祭りで、日本三大奇祭のひとつに数えられる祭はなに？
❶ほうらい祭　❷吉田の火祭
❸だんご祭　❹秋の藤原まつり

Q 0398 富士五湖のひとつである山中湖を水源として山梨県・神奈川県を流れる川はなに？
❶阿武隈川　❷信濃川
❸那珂川　❹相模川

Q 0402 その昔、ある動物が何匹もつながって川を渡るのを見てこの架橋法が考案されたという、日本三奇橋のひとつで、桂川に架かる橋の名前はなに？
❶犬橋　❷鳥橋
❸牛橋　❹猿橋

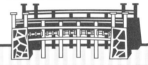

Q 0399 富士五湖の中で最大の面積を持つのはどれ？
❶山中湖　❷河口湖
❸西湖　❹精進湖

Q 0403 山梨県出身の昭和時代の小説家で、代表作に『樅ノ木は残った』『青べか物語』『赤ひげ診療譚』などがある人物はだれ？
❶志賀直哉　❷山本周五郎
❸永井荷風　❹藤沢周平

Q 0400 甲府盆地では、ブドウを原料とするワインづくりがさかんだが、その消費量は全国で何位？
❶1位
❷2位
❸4位
❹6位

Q 0404 山梨県の旧国名はなに？
❶駿河国　❷遠江国
❸甲斐国　❹相模国

全国縦断クイズ その7の答え　0372.c.いかめし(森駅) 0373.b.わっぱ舞茸(秋田駅) 0374.e.牛肉どまん中(米沢駅) 0375.a.鮭はらこめし(仙台駅) 0376.q.だるま弁当(高崎駅) 0377.p.深川めし(東京駅) 0378.g.雪だるま弁当(新津駅) 0379.d.ほう葉みそ弁当(高山駅) 0380.l.元祖特選牛肉弁当(松阪駅) 0381.o.ひっぱりだこ飯(西明石駅) 0382.k.かにちらし寿し(米子駅) 0383.f.桃太郎の祭ずし(岡山駅) 0384.n.しゃもじかきめし(広島駅) 0385.i.ふく寿司(新山口駅) 0386.m.瀬戸のあな子(松山駅) 0387.h.かしわめし(折尾駅) 0388.j.豊のしゃも弁当(大分駅)

甲信越エリア 長野県

長野県 NAGANO

Q 0405 長野県の旧国名は?
① 飛騨国　② 美濃国
③ 武蔵国　④ 信濃国

Q 0406 上信越高原国立公園に属する浅間山は、長野県と何県の境にあるか?
① 埼玉県　② 山梨県
③ 新潟県　④ 群馬県

Q 0407 長野市内に日本三大そばの里で知られる場所がある。それはどこか?
① 中越　② 七瀬
③ 戸隠　④ 坂中

Q 0408 米の生産量において、全国1位の座は他県にとられているが、ある指標で見た場合には全国1位となっている。その指標とはなに?
① 作付面積　② 主食用生産量
③ 10アール(a)あたりの生産量

Q 0409 1782年ごろから全国的に異常気象となり、翌83年には、浅間山の大噴火をきっかけにして特に東日本地域に深刻な飢饉を招いた。この飢饉を何ていう?

Q 0410 日本アルプスは、飛騨山脈(北アルプス)・木曽山脈(中央アルプス)とある山脈の3つの山脈の総称をいうが、ある山脈とは?

Q 0411 隣り合う県が日本一多いのが長野県で、その数は8県ある。新潟県、群馬県、埼玉県、山梨県、静岡県、愛知県、岐阜県とあとひとつどこ?

Q 0412 江戸時代には「信濃の○○寺」の名で親しまれ、全国から宗派の別を超えて参詣者が集まったお寺の名前は?

答えは次のページにあるよ→

Q 0413 県内にある駅で、日本一高いところにある駅の名前は？
① 河口湖駅
② 野辺山駅
③ 室堂駅
④ 信濃追分駅

Q 0414 諏訪湖周辺の精密機械工場で製造されている代表的な製造品として時計となにがある？

Q 0415 日本一(世界有数)の大きなパラボラアンテナが設置されている、長野県佐久市にある観測所の名前はなに？
① 地磁気観測所
② 内之浦宇宙空間観測所
③ 臼田宇宙空間観測所
④ 大樹航空宇宙実験場

Q 0416 長野県で生産されるりんごの品種で一番多いのは？
① 紅玉　② ふじ
③ スターキング・デリシャス
④ ジョナゴールド

Q 0417 信濃町出身の有名な俳人で、代表作に句文集『おらが春』や『七番日記』(9年間の日記)などがある人物はだれ？
① 小林一茶　② 飯田蛇笏
③ 井原西鶴　④ 金子兜太

Q 0418 野尻湖のちかくで見つかった化石で、野尻湖畔にある博物館の名前にもなった生き物とはなに？
① マンモス　② シベリアタイガー
③ ナウマンゾウ　④ ステゴドン

Q 0419 長野県中部にあるワカサギ漁で有名な湖はなに？
① 琵琶湖　② 諏訪湖
③ 芦ノ湖　④ 猪苗代湖

Q 0420 県内には木造の八角塔としては全国でひとつしかないという貴重な「八角三重塔」があるが、この三重塔は何というお寺にあるのか？
① 安楽寺　② 幸福寺
③ 万福寺　④ 快楽寺

山梨県の答え　0389.①甲府市　0390.④北岳 高さ3192m。　0391.④本栖湖 最大深度121.6m。　0392.②ブドウ 全国生産量の24％占める。　0393.②もも 全国生産量の31％を占める。　0394.①釜無川と③笛吹川　0395.武田信玄　0396.④山本勘助　0397.②三方ヶ原の戦い　0398.④相模川 長さは109kmある。　0399.①山中湖 6.4km²もある。　0400.②2位　0401.②吉田の火祭　0402.④猿橋 ある動物とは「さる」のこと。　0403.②山本周五郎　0404.③甲斐国 1572年の出来事。

新潟県 NIIGATA

甲信越エリア　新潟県

Q 0421 新潟県の旧国名（佐渡島を除く）はなに？
① 越中国　② 加賀国　③ 越後国　④ 越前国

Q 0422 新潟県の島は2つある。佐渡島と、もうひとつはなに？
① 粟島　② 西島　③ 鳥島　④ 徳之島

Q 0423 ノーベル賞受賞作家・川端康成の新潟を題材にした小説はなに？
① 駒子　② 雪が降る国　③ 雪国　④ 雪の宿

Q 0424 日本三大峡谷のひとつで、十日町市にある国指定名勝・天然記念物になっている峡谷はなに？
① 高千穂峡　② 清津峡　③ 昇仙峡　④ 寸又峡

Q 0425 戦国時代、越後国（現新潟県）をおさめた大名の名前は？

Q 0426 上杉景勝に若年から近習として仕え、その後に家老として力を発揮した武将の名前は？

Q 0427 竹とワラで作ったある物（長さ82.8m）を人々が担いで地域を練り歩く、関川村（岩船郡）にあるギネス世界一に認定された祭はなに？
① 大した龍まつり
② 大したもん蛇まつり
③ 大した虎まつり
④ 大したみこしまつり

Q 0428 新潟県には4地方ある。上越・中越・下越の各地方とあとひとつはなに？

答えは次のページにあるよ→

Q0429 新潟特産のお団子といえばなに？
❶吉備団子 ❷笹団子
❸きな粉団子 ❹だまこ餅

Q0433 新潟県には金属洋食器の生産地として有名な場所があるが、それはどこ？
❶上越市 ❷燕市
❸長岡市 ❹村上市

Q0434 関越道にあるトンネルで、関東と新潟をつなぐトンネルに「関越トンネル」があるが、その長さは約どのくらい？
❶5km ❷8km
❸11km ❹20km

Q0430 長岡市には縄文時代中期後半の遺跡が発見されているが、その遺跡の名前は？
❶西田遺跡 ❷上町遺跡
❸竹山遺跡 ❹馬高遺跡

Q0435 JR東日本が、新潟駅～酒田駅・象潟駅間を羽越本線・白新線経由で運行する、ジョイフルトレインの快速列車の愛称はなに？
❶きらきらうえつ
❷きらきらじょうえつ
❸きらきらえちご
❹きらきらにいがた

Q0431 佐渡島の保護センターで育てて増やす試みが行われている、特別天然記念物の鳥はなに？

Q0436 全国1位の生産量をほこる穀物はなに？
❶麦 ❷米
❸スイートコーン

Q0432 上杉景勝と直江兼続がともに学問や礼儀作法などを学んだとされるお寺はどこ？
❶林昌寺 ❷林泉寺
❸林海寺 ❹林覚寺

長野県の答え　0405.❹信濃国　0406.❹群馬県　0407.❸戸隠　0408.❸10アール（a）あたりの生産量　面積：1アール＝100m²。　0409.天明の飢饉　0410.赤石山脈（南アルプス）0411.富山県　0412.善光寺　0413.❷野辺山駅 JR東日本小海線の駅で、標高1346mもの高さにある。0414.カメラ　0415.❸臼田宇宙空間観測所　直径64mもある。　0416.❷ふじ　0417.❶小林一茶　長野県上田市にある。0418.❸ナウマンゾウ　0419.❷諏訪湖　面積は12.9km²ある。0420.❶安楽寺

53

エリア別 関東・甲信越エリア

エリア別クイズ
関東・甲信越エリア

Q 0437 栃木県のように日本で海に面していない都道府県は、栃木県を含めていくつ？
❶5つ　❷6つ　❸8つ

Q 0438 関東平野の広さは東京都の何倍？
❶約4.5倍　❷約7.7倍　❸約10倍

Q 0439 東京都から本州の中心を通り、山梨県、兵庫県をむすぶ中央自動車道と東京都と青森県をむすぶ東北自動車道はどっちが長い？

Q 0440 全国各地域のなかで、甲信越地方（山梨県、長野県、新潟県）でもっとも多くとれる果物は次のうちのどれ？
❶すもも　❷メロン　❸西洋ナシ

Q 0441 りんごの地域別生産量で一番は東北地方（青森県、秋田県、岩手県、山形県、宮城県、福島県）だが、甲信越地方（山梨県、長野県、新潟県）は何番目？
❶2番目　❷3番目　❸4番目

Q 0442 関東地方（茨城県、栃木県、群馬県、埼玉県、千葉県、東京都、神奈川県）での生産量が全国の約4割を占める野菜は次のうちのどれ？
❶セロリ
❷ながいも
❸はくさい

Q 0443 日本一の高さをほこる富士山を中心として、神奈川県、静岡県、東京都、山梨県の1都3県にまたがる広大な敷地を有する国立公園の名前はなに？
❶伊豆箱根国立公園
❷富士箱根国立公園
❸富士箱根伊豆国立公園

Q 0444 日光国立公園は、群馬県、栃木県、福島県の3県にまたがる「○○火山帯」に属する山岳地である。この○○に入る栃木県にある地名はなに？
❶鳥海　❷那須　❸富士

54

答えは次のページにあるよ→

Q 0445 ガラスをつくる際に原料として使われるドロマイトの産出量が全国で一番なのはどこ？
❶関東山地　❷丹沢山地
❸足尾山地

Q 0446 みずばしょうで有名な尾瀬ヶ原は日本最大の山地湿原だが、場所は群馬県となに県にまたがっている？
❶栃木県　❷福島県　❸新潟県

Q 0447 関東・甲信越地方で最も人口の少ない県はどこ？
❶群馬県　❷山梨県　❸茨城県

Q 0448 神奈川県の北西部にある丹沢山地を震源とした地震はなにか？
❶関東大震災
❷新潟県中越沖地震
❸阪神・淡路大震災

Q 0449 新潟県中越沖地震が発生したのは何年のこと？
❶1998年　❷2003年　❸2007年

Q 0450 日本有数の工業地帯として京浜工業地帯がある。そのまたがる地域は、東京都、神奈川県、千葉県と、あとひとつの県の名前はなに？

Q 0451 関東地方（茨城県、栃木県、群馬県、埼玉県、千葉県、東京都、神奈川県）と中国地方（鳥取県、島根県、岡山県、広島県、山口県）では、面積はどちらが広い？

Q 0452 長野県、群馬県、新潟県の3県にまたがり、広さでは日本の国立公園中第2位の火山を主体とする国立公園の名前はなに？
❶上信越高原国立公園
❷吉野熊野国立公園
❸大山隠岐国立公園

Q 0453 ももの生産量において日本で一番は甲信越地方（山梨県、長野県、新潟県）であるが、その地域では全国生産量の約何割を占める？
❶3割　❷5割　❸9割

新潟県の答え　0421.❸越後国 佐渡島は佐渡国と言った。0422.❶粟島　0423.❸雪国　0424.❷清津峡　0425.上杉謙信　0426.直江兼続　0427.❷大したもん蛇まつり その長さは、1967（昭和42）年8月28日の羽越水害での犠牲者を悼んで決められた。0428.佐渡地方　0429.❷笹団子　0430.❶馬高遺跡　0431.トキ　0432.❷林泉寺　0433.❷燕市　0434.❸11km 道路のトンネルでは日本最長。0435.❶きらきらうえつ　0436.❷米 一番多く作られている品種は「コシヒカリ」。

55

全国縦断クイズ その8
日本の世界遺産①（文化遺産編）

Q 0454 岩手県にある世界遺産の名称はなに？
❶平泉　❷一関

Q 0455 それが世界遺産に登録されたのはいつ？
❶2011（平成23）年
❷2014（平成26）年

Q 0456 奥州藤原氏の初代清衡が12世紀始めから四半世紀をかけて造営した寺院はなに？

Q 0457 境内にあるものは？
❶金色堂　❷玉虫厨
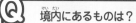

Q 0458 2代基衡が12世紀中頃に造営した寺院はなに？
❶光浄院　❷毛越寺

Q 0459 世界遺産に登録されている、徳川初代将軍家康の霊廟はなに？
❶東照宮
❷台徳院霊廟

Q 0460 そこは、何年に造営された？
❶1603年　❷1616年

Q 0461 ここの世界遺産の登録名はなに？

Q 0462 群馬県での世界遺産の登録名はなに？
❶富岡製糸場と絹産業遺産群
❷富岡製糸場と綿産業遺産群

Q 0463 富岡製糸場は明治政府が建てた工場であるが、それはいつ？
❶明治5（1872）年
❷明治7（1874）年

Q 0464 富岡製糸場はなぜ建てられた？
❶良質な生糸を海外に輸出してお金を集めるため
❷政府の要人が質のよい服を着たいため

Q 0465 工場の場所として富岡の地が選ばれた理由のひとつは？
❶原料の繭が付近で確保できるため
❷交通の便がよさそうだから

Q 0466 工場建設と技術指導に貢献したポール・ブリュナとはどこの国の人？
❶イギリス　❷フランス

答えは次のページにあるよ→

Q 0467 静岡県と山梨県にまたがる世界遺産の登録名はなに？

Q 0468 それが世界遺産に登録されたのはいつ？
❶2010（平成22）年
❷2013（平成25）年

Q 0469 山麓に富士山の噴火を鎮めるために建てられた神社はなに？
❶富士山本宮浅間大社
❷新屋山神社

Q 0470 建てられたのは何世紀頃のこと？
❶9世紀　❷13世紀

Q 0471 京都府京都市、宇治市、滋賀県大津市に点在する神社、寺、城など複数が登録された世界遺産の名称は？
❶古都京都の文化財
❷京都哀愁の文化財

Q 0472 それが世界遺産に登録されたのはいつ？
❶1994（平成6）年
❷2012（平成24）年

Q 0473 世界遺産に登録された寺院で、かつて戦国武将の織田信長に焼き討ちされた歴史があるのはどこ？
❶延暦寺　❷清水寺

Q 0474 世界遺産に登録された、9世紀に宇多天皇の勅願寺として建立された寺院はなに？
❶仁和寺　❷天龍寺

Q 0475 沖縄県で、世界遺産に登録された名称はなに？
❶南山王国のグスク
❷琉球王国のグスク及び関連遺産

Q 0476 ところでグスクってなに？
❶城　❷寺院

Q 0477 それが世界遺産に登録されたのはいつ？
❶2000（平成12）年
❷2012（平成24）年

Q 0478 それまで三王国が分立していたのを統一して、琉球王国が成立したのは何世紀のこと？
❶10世紀　❷15世紀

関東・甲信越エリアの答え　0437.❸8つ 奈良、滋賀、岐阜、長野、群馬、山梨、埼玉、栃木の各県　0438.❷約7.7倍　0439.東北自動車道 679km：635km　0440.❶すもも　0441.❶2番目　0442.❸はくさい　0443.❸富士箱根伊豆国立公園　0444.❷那須　0445.❸足尾山地　0446.❷福島県　0447.❷山梨県 約84万人　0448.関東大震災 1922年9月1日に発生　0449.❸2007年7月16日に発生　0450.埼玉県　0451.関東地方 32,421km²：31,913km²　0452.❶上信越高原国立公園 面積1880km²　0453.❷5割

全国縦断クイズ その9
日本の世界遺産② (自然遺産編) 世界無形文化遺産

Q 0479 北海道で世界自然遺産に登録されているのはどこ？
❶サロベツ原野 ❷知床

Q 0480 それが世界遺産に登録されたのはいつ？
❶2005（平成17）年
❷2009（平成21）年

Q 0481 それが登録された理由のひとつはなに？
❶希少な動植物の生息地となっている
❷観光客が多い

Q 0482 それは世界自然遺産登録地として日本で何番目？
❶3番目 ❷4番目

Q 0483 平成23（2011）年に東京都にある島々が世界自然遺産に登録されたが、それはなに？
❶伊豆諸島 ❷小笠原諸島

Q 0484 そこが登録された地域の広さはどのくらい？
❶7,939ヘクタール
❷11,256ヘクタール

Q 0485 そこにはいくつの島がある？
❶約30 ❷約50

Q 0486 そこで生息する希少動物は？
❶カタマイマイ
❷ミズオオトカゲ

Q 0487 日本国内においてユネスコ無形文化遺産に登録されたのは「〇食」。〇はなに？
❶和 ❷甘

Q 0488 それはいつ登録された？
❶2009（平成21）年
❷2013（平成25）年

Q 0489 その基本構成はなに？
❶一汁一菜 ❷一汁三菜

Q 0490 この料理の特徴は？
❶栄養のバランスに優れている
❷調味料のバランスに優れている

Q 0491 白神山地が世界自然遺産に登録されたのはいつ？
❶1993（平成5）年
❷2000（平成12）年

答えは次のページにあるよ→

Q 0492 白神山地の広さはどのくらい？
❶6万ヘクタール
❷13万ヘクタール

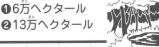

Q 0493 世界自然遺産に登録されたのは白神山地の一部であるが、どのような区域？
❶原生的なブナ林で占められている
❷原生的なアカマツ林で占められている

Q 0494 白神山地に生息し、環境省のレッドデータブックで絶滅危惧種とされている動物はなに？
❶イヌワシ　❷マガモ

Q 0495 日本国内においてユネスコ無形文化遺産に登録されたもののひとつはなに？
❶和紙　❷紙芝居

Q 0496 それはいつ登録された？
❶2012（平成24）年
❷2014（平成26）年

Q 0497 登録されたのは何種類？
❶3種類　❷5種類

Q 0498 その原料はなに？
❶雁皮　❷楮

Q 0499 登録されたそれはどのような特質があるのか？
❶水に強い　❷火に強い

Q 0500 世界遺産に登録された屋久島は何県にある？
❶鹿児島県　❷宮崎県

Q 0501 屋久島の面積はどのくらい？
❶約500平方キロメートル
❷約1,000平方キロメートル

Q 0502 日本では何番目に大きな島？
❶3番目　❷7番目

Q 0503 屋久島が属する島々の名称はなに？
❶大隅諸島　❷南西諸島

全国縦断クイズ その8の答え　0454.❶平泉　0455.❶2011（平成23）年　0456.中尊寺　0457.❶金色堂　0458.❷毛越寺　0459.❶東照宮　0460.❷1616年　0461.日光の社寺　0462.❶富岡製糸場と絹産業遺産群　0463.❶明治5(1872)年　0464.❶良質な生糸を海外に輸出してお金を集めるため　0465.❶原料の繭が付近で確保できるため　0466.❷フランス　0467.富士山　0468.❷2013(平成25)年　0469.❶富士山本宮浅間大社　0470.❶9世紀　0471.❶古都京都の文化財　0472.❶1994（平成6）年　0473.❶延暦寺　0474.❶仁和寺　0475.❷琉球王国のグスク及び関連遺産群　0476.❶城　0477.❶2000（平成12）年　0478.❷15世紀

富山県 TOYAMA

北陸エリア　富山県

Q 0504 富山県内にある立山(日本アルプスの一部)に生息する国の特別天然記念物の鳥はなに？

Q 0505 富山県の旧国名はなに？
❶備前国　❷加賀国
❸越中国　❹越前国

Q 0506 射水市新湊地区には市が指定した天然記念物の柿がある。その柿の名前はなに？
❶大島柿　❷小島柿
❸川島柿　❹水島柿

Q 0507 富山県生まれで、現代の化学者。民間企業の研究者でノーベル賞を受賞した史上2人目となった人物はだれ？

Q 0508 日本最大級の竪穴式住居「不動堂遺跡」が発見されたのはどこ？
❶朝日町　❷入善町
❸舟橋村　❹立山町

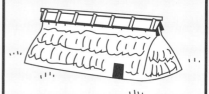

Q 0509 富山県東部にあり、日本三大ダムのひとつに数えられる、水力発電のためにつくられた大きなダムの名前はなに？

Q 0510 神通川において、上流域にある神岡鉱山から流出したカドミウムによって発生した公害病のひとつはなに？

Q 0511 立山・室堂平西側の高さ2300mにある日本一高い場所にある温泉の名前はなに？
❶立山温泉　❷鉛温泉
❸地獄谷温泉　❹玉川温泉

答えは次のページにあるよ→

Q 0512 富山県は、ある植物の球根栽培がさかんで、その出荷量は全国一である。その植物とはなに？
① グラジオラス
② チューリップ
③ ダリア
④ ユリ

Q 0513 源 義経が雨宿りしたという伝説により命名された海岸の名前はなに？
① 雨宿海岸　② 雨晴海岸
③ 雨降海岸　④ 雨濡海岸

Q 0514 滑川市は、江戸時代から薬の産地として発達した。「富山の○○○」はここが発祥の地である。○○○とはなに？

Q 0515 日本一高い場所にあるリゾートホテル（標高2450m）の名前はなに？
① ホテル立山
② ホテル日本アルプス
③ ホテル天狗平
④ ホテル富山

Q 0516 世界遺産に登録されている「五箇山」にある茅葺きの家の建築様式はなに？
① 切妻造り　② 合掌造り
③ 半切妻造り　④ 神明造り

Q 0517 日本一高い場所にあるケーブルカーの駅の名前はなに？
① 黒部駅　　② 黒部湖駅
③ 黒部ダム駅　④ 黒部平駅

Q 0518 富山湾にうかぶ最大の島の名前はなに？
① 蛇が島　② 虻が島
③ 鳥が島　④ 猿が島

Q 0519 富山県は沿岸漁業がさかんであるが、特産物はどれか？
① サバ　　② アジ
③ ホタルイカ　④ カニ

全国縦断クイズ その9の答え　0479.②知床　0480.①2005(平成17)年　0481.①希少な動植物の生息地となっている　0482.①3番目　0483.②小笠原諸島　0484.①7,939ヘクタール　0485.①約30　0486.②ミズオオトカゲ　0487.①和(食)　0488.②2013(平成25)年　0489.①一汁三菜　0490.①栄養のバランスに優れている　0491.①1993(平成5)年　0492.②13万ヘクタール　0493.①原生的なブナ林で占められている　0494.①イヌワシ　0495.①和紙　0496.②2014(平成26)年　0497.①3種類 石州半紙、本美濃紙、細川紙　0498.②楮　0499.①水に強い　0500.①鹿児島県　0501.①約500平方キロメートル　0502.②7番目　0503.①大隅諸島

北陸エリア 石川県

石川県 ISHIKAWA

Q 0520 石川県の半島部を除く旧国名はなに？
❶加賀国 ❷能登国
❸豊後国 ❹越前国

Q 0521 石川県のイカ漁で、代表的なイカの種類は？
❶ヤリイカ
❷アオリイカ
❸スルメイカ
❹ケンサキイカ

Q 0522 石川県北部に位置し、日本海につき出た半島の名前はなに？

Q 0523 その半島の先端に位置する市の名前は？
❶輪島市 ❷珠洲市
❸能美市 ❹羽咋市

Q 0524 前田氏歴代の居城で、加賀藩の城下町となったそのお城の名前はなに？

Q 0525 石川県の最も高い山の名前は？
❶七倉山 ❷白山
❸別山 ❹後高山

Q 0526 金沢市にある日本三名園のひとつに数えられる大名庭園はなに？
❶偕楽園 ❷兼六園
❸後楽園 ❹謙錠園

Q 0527 それはどのくらいの年月をかけてつくられたか？
❶約70年 ❷約100年
❸約190年 ❹約250年

62

答えは次のページにあるよ→

Q 0528 石川県南部の金沢市、小松市、加賀市、能美市で生産される色絵の磁器はなに？
❶益子焼　❷伊万里焼
❸古唐津　❹九谷焼

Q 0529 輪島市で生産される漆器のことを何というか？

Q 0530 加賀藩の初代藩主はだれ？

Q 0531 その初代藩主が金沢城に入城した故事に因み、毎年6月に金沢市で行われる祭りはなに？
❶おかえり祭り
❷寺家キリコ祭り
❸金沢百万石まつり
❹伴旗祭り

Q 0532 金沢市で国内の98％以上がつくられている全国一の生産量をほこるものはどれか？
❶西洋皿　❷金箔
❸漆　　　❹絹糸

Q 0533 羽咋郡志賀町富来領家町には、増穂浦海岸に世界一長いベンチが設置されている。その長さはどのくらいか？
❶120m
❷340m
❸460m
❹700m

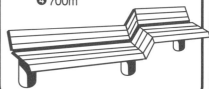

Q 0534 メジャーリーガー松井秀喜の出身地は石川県なに町？
❶ねさがり町　❷ねあがり町
❸ねごろ町　　❹ねびき町

Q 0535 配色に藍・臙脂・紫などが多く使われる金沢市の絹でできた伝統工芸品はなに？

富山県の答え　0504.ライチョウ　0505.❸越中国　0506.❹水島柿　0507.田中耕一　0508.❶朝日町　0509.黒部ダム 高さ186mもあり、日本一大きなダム。　0510.イタイイタイ病　0511.❸地獄谷温泉　0512.❷チューリップ　0513.❷雨晴海岸　0514.薬売り　0515.❶ホテル立山 立山の室堂平にある。　0516.❷合掌造り　0517.❹黒部平駅 標高1828m、立山にある駅。　0518.❷虻が島 面積は約1.3km²ある島。　0519.❸ホタルイカ

63

福井県 FUKUI

北陸エリア　福井県

Q 0536 福井県の旧国名はどれ？（答え2つ）
① 備前国　② 美作国
③ 越前国　④ 若狭国

Q 0540 福井県でとれるズワイガニのことを何とよぶ？
① 越前ガニ　② 若狭ガニ
③ 加賀ガニ　④ 能登ガニ

Q 0537 福井県の越前海岸、若狭湾は多種多様な魚介類がとれる海として有名。では、福井県で漁獲量が一番多いのは？
① ヒラメ　② マダイ
③ サワラ　④ タコ

Q 0541 福井県北部にある日本海側にある景勝地で、高さ25mにおよぶ絶壁のある有名な海岸の名前はなに？
① 城ヶ崎海岸　② 足摺岬
③ 親不知海岸　④ 東尋坊

Q 0542 若狭湾沿岸には原子力発電所が多くある。この状態を何というか？
① 発電所銀座　② 原発商店街
③ 原発銀座　④ 原発通り

Q 0538 福井県は和紙の日本三大産地のひとつである。その特産の和紙の名前はなに？

Q 0543 福井県は、日本で一番のめがねフレームの生産量をほこるが、全国の何％占めているか？
① 約30％　② 60％
③ 90％以上　④ 100％

Q 0539 日本古代三関のひとつに数えられる敦賀市にあった古代の関所の名前はなに？
① 鈴鹿関　② 不破関
③ 愛発関　④ 逢坂関

64

答えは次のページにあるよ→

Q 0544 福井県内にある日本一の恐竜化石発掘地はなに市にある？
❶勝山市 ❷坂井市
❸越前市 ❹大野市

Q 0545 福井県で生産するもので、生産量日本一でない製品はどれ？
❶トレーニングウェア
❷リボン
❸タオル
❹警察紋章

Q 0546 坂井市にある、天守閣が現存する日本最古といわれているお城の名前はなに？
❶根城 ❷丸岡城
❸一乗谷城 ❹小谷城

Q 0547 福井県には、曹洞宗の中心寺院（大本山）の永平寺があるが、ここを開山したのはだれ？
❶親鸞
❷法然
❸道元
❹白隠禅師

Q 0548 福井県東部にある山で、日本百名山のひとつにあげられ、その姿の美しさから「大野富士」とよばれている山の名前はなに？
❶平家岳 ❷国見岳
❸荒島岳 ❹赤兎山

Q 0549 日本三大松原のひとつで、敦賀湾岸にある松原の名前はなに？
❶三保の松原 ❷気比の松原
❸虹の松原 ❹津田の松原

Q 0550 若狭湾の海岸線の形態はなに式？

Q 0551 16代藩主で、幕末に公武合体の推進にあたり、幕政の指導的地位にたった人物はだれ？
❶井伊直弼 ❷一橋慶喜
❸松平春嶽 ❹島津久光

石川県の答え　0520.❶加賀国　0521.❸スルメイカ　0522.能登半島　0523.❷珠洲市　0524.金沢城　0525.❷白山 高さ2702mもある。　0526.❷兼六園　0527.❸約190年 日本庭園のなかでもっとも長い年月をかけて完成した。　0528.❹九谷焼　0529.輪島塗　0530.前田利家　0531.❸金沢百万石まつり　0532.❷金箔　0533.❸460m 一度に1400人近くが座れる。　0534.❷ねあがり町「根上町」と書く。　0535.加賀友禅

全国縦断クイズ その10
現代著名人出身地クイズ

現代の著名人の出身地を当てよう！

Q 0552
①北海道
有機合成の研究分野で2010年にノーベル化学賞を受賞した人はだれ？

Q 0553
②栃木県　昭和時代から平成時代にかけて活躍した経営者で、国産初のテープレコーダー、トランジスターラジオなどを開発した人はだれ？

Q 0554
③千葉県
選手時代は王 貞治とともに巨人9連覇に貢献。ミスターとよばれる人はだれ？

Q 0555
④東京都
理論物理学者で、日本人最初のノーベル物理学賞を受賞した人はだれ？
（東京は出生地）

Q 0556
⑤神奈川県　ファミリーレストランと居酒屋の中間に位置するマーケットを狙った外食チェーン店を展開して株式上場を達成した人はだれ？

Q 0557
⑥山梨県　明治時代から昭和時代にかけて活躍し、阪急電鉄や宝塚少女歌劇団などを創設した実業家はだれ？

Q 0558
⑦富山県　読売新聞の社長になったり、日本テレビ放送網や大日本東京野球倶楽部(読売巨人軍の前身)を創設した実業家はだれ？

Q 0559
⑧静岡県　オートバイメーカーを創業し、その後事業を拡大して世界的な自動車メーカーを作り上げた人はだれ？

Q 0560
⑨愛知県　物理学者で、世界で初めてニュートリノの観測に成功し、2002（平成14）年にノーベル物理学賞を受賞した人はだれ？

Q 0561
⑩京都府　生物学者で、オワンクラゲの発光の仕組みを解明。その後2008（平成20）年、ノーベル化学賞を受賞した人はだれ？

答えは次のページにあるよ→

答えはここから選ぼう！

- a. 井深大
- b. 長嶋茂雄
- c. 湯川秀樹
- d. 鈴木章
- e. 渡邉美樹
- f. 下村脩
- g. 小林一三
- h. 正力松太郎
- i. 柳井正
- j. 大江健三郎
- k. 石橋正二郎
- l. 孫正義
- m. 小柴昌俊
- n. 本田宗一郎
- o. 司馬遼太郎
- p. 福井謙一
- q. 松下幸之助
- r. 植村直己
- s. 土光敏夫
- t. 高田明

Q0562 ⑪大阪府 歴史小説を数多く執筆する小説家で、代表作に『竜馬がゆく』『国盗り物語』などがある人はだれ？

Q0567 ⑯山口県 衣料品の分野で、商品企画から販売まで一貫して手掛ける製造小売業のありかたを確立させた経営者はだれ？

Q0563 ⑫奈良県 量子化学者。化学反応の研究分野で1981年にノーベル化学賞を受賞した人はだれ？

Q0568 ⑰愛媛県 代表作に『同時代ゲーム』、『個人的な体験』などがあり、1994年にノーベル文学賞を受賞した人はだれ？

Q0564 ⑬和歌山県 家電メーカーを創業し大成功をおさめ、経営の神様とよばれた人はだれ？

Q0569 ⑱福岡県 自動車のタイヤをはじめて日本国内で製造した人はだれ？

Q0565 ⑭兵庫県 世界初の五大陸最高峰登頂者となった冒険家はだれ？

Q0570 ⑲佐賀県 日本を代表するIT企業の経営者はだれ？

Q0566 ⑮岡山県 元大手企業の経営者で、経団連会長にも就任した人。「ミスター合理化」「荒法師」などともよばれた人はだれ？

Q0571 ⑳長崎県 日本を代表するテレビ通販会社の経営者はだれ？

福井県の答え 0536.❸越前国と❹若狭国 0537.❸サワラ 0538.越前和紙 0539.❸敦賀関 0540.❶越前ガニ 0541.❹東尋坊 0542.❸原発銀座 0543.❸90％以上 生産地として鯖江市が有名。 0544.❶勝山市 ここの恐竜化石出土量は日本の恐竜化石のなんと約8割。 0545.❸タオル 0546.❷丸岡城 1576年に築城。 0547.❸道元 0548.❸荒島岳 高さ1523mの山。 0549.❷気比の松原 0550.リアス式 0551.❸松平春嶽

静岡県 SHIZUOKA

Q0572 日本一高い山・富士山の高さは何メートルある？

Q0573 1943年に静岡市内で発見された、弥生時代の代表的な遺跡の名前は？
❶吉野ヶ里遺跡　❷朝日遺跡
❸登呂遺跡　❹吉崎・次場遺跡

Q0574 浜松市内で発掘された縄文時代の人類はなに人とよばれているか？
❶ジャワ原人　❷三ヶ日人
❸明石原人　❹上洞人

Q0575 静岡県に流れている川ではない川は次のどれ？
❶天竜川　❷大井川
❸吉井川　❹安倍川

Q0576 静岡県の東部、太平洋につきでた半島はなに？

Q0577 静岡県内の新幹線の駅の数は？
❶4駅　❷5駅　❸6駅　❹7駅

Q0578 浜松市内でさかんに造られている三大工業は、繊維と楽器、あとひとつは？
❶和紙　❷オートバイ
❸パソコン　❹自転車

Q0579 静岡県内を流れる河津川の流域にある7つの滝の総称を何という？
❶河津七流　❷河津七水
❸河津七滝　❹河津七曲り

答えは次のページにあるよ→

Q 0580 静岡市内で購入される日本一といえばどれか？
① かんぴょう ② あじの干物
③ みかん ④ 干柿

Q 0584 うなぎの養殖で有名な湖は？

Q 0581 幕末、ペリー提督が黒船でやってきたのはどこ？
① 伊豆・熱川 ② 熱海
③ 相模湾・三浦
④ 伊豆・下田

Q 0585 熱海市にある、静岡県で唯一の離島は？
① 大島 ② 初島
③ 神津島 ④ 新島

Q 0582 東海道新幹線から見える一面に広がる静岡県の特徴的な風景は何の風景？
① 田んぼ
② 茶畑
③ ぶどう畑
④ 荒野

Q 0586 掛川市にある龍尾神社には、ある変わった石像があるが、それはなに？
① ハローキティ
② ポケモン
③ ゲゲゲの鬼太郎
④ ドラえもん

Q 0583 静岡市の久能山あたりで栽培されているイチゴを何という？
① 石垣イチゴ
② 樽詰めイチゴ
③ 板垣イチゴ
④ 垣根イチゴ

Q 0587 かつて淡水だった浜名湖は大津波が原因で海とつながったのだが、浜名湖が外洋（遠州灘）に通じる決壊口のことを何というか？
① 即切 ② 今切
③ 逆切 ④ 環切

全国縦断クイズ その10の答え 0552. d.鈴木 章 0553. a.井深 大（ソニー） 0554. b.長嶋茂雄 0555. c.湯川秀樹 0556. e.渡邉美樹（ワタミ） 0557. g.小林一三 0558. h.正力松太郎 0559. n.本田宗一郎（ホンダ） 0560. m.小柴昌俊 0561. f.下村 脩 0562. o.司馬遼太郎 0563. p.福井謙一 0564. q.松下幸之助（パナソニック） 0565. r.植村直己 0566. s.土光敏夫 0567. i.柳井 正（ファーストリテイリング） 0568. j.大江健三郎 0569. k.石橋正二郎（ブリヂストン） 0570. l.孫 正義（ソフトバンク） 0571. t.髙田 明（ジャパネット高田）

69

愛知県 AICHI

Q 0588 愛知県には2つの半島があるが、ひとつは知多半島（県の南）、そしてもうひとつは？
① 能登半島 ② 伊豆半島
③ 渥美半島 ④ 熊毛半島

Q 0589 1612年に完成。尾張徳川家の城として栄えた、金の「しゃちほこ」で有名なお城は？

Q 0590 愛知県の旧国名は？（答え2つ）
① 尾張国 ② 近江国
③ 山城国 ④ 三河国

Q 0591 名古屋市は冬に冷たい北西の季節風が吹くが、この風のことを何という？
① 伊勢おろし ② 伊賀おろし
③ 伊吹おろし ④ 岐阜おろし

Q 0592 養鶏がさかんな名古屋地方原産の卵肉兼用のニワトリの品種はなに？

Q 0593 その品種の養鶏は別名で何とよばれているか？
① 殿さま養鶏 ② 将軍養鶏
③ サムライ養鶏 ④ キング養鶏

Q 0594 愛知県は自動車の製造がさかんだが、製造の中心地はどこ？
① 岡崎市 ② 稲沢市
③ 知多市 ④ 豊田市

Q 0595 日本三大工業地帯のひとつで、愛知県の中心にある工業地帯はなに？
① 中心工業地帯
② 愛知工業地帯
③ 中京工業地帯
④ 関西工業地帯

東海エリア 愛知県

答えは次のページにあるよ→

Q 0596 日本の代表的な陶磁器で「赤津焼」とよばれている、県の伝統的工芸品の名前は？
1. 姫谷焼
2. 砥部焼
3. 瀬戸焼
4. 民山焼

Q 0600 弥富市（旧弥富町）はある魚の産地として有名で、しかもその魚の生産量は全国で一番。その魚とはなに？
1. イワナ 2. ハゼ
3. 金魚   4. アユ

Q 0597 愛知県出身の天才バッター、イチロー選手の出身高校は？
1. 愛知産業大学工業高等学校
2. 愛知工業大学名電高等学校
3. 愛知大学瑞穂高等学校
4. 名城大学附属高等学校

Q 0601 渥美半島で、電球の明かりを使って栽培（電照栽培）されている花の名前はなに？
1. 菊 2. チューリップ
3. カーネーション
4. バラ

Q 0598 犬山市にある、歴史的に貴重な建物を集めた博物館はなに？
1. 戦国村 2. 江戸村
3. 明治村 4. 大正村

Q 0602 春日井市はある植物の生産量が日本一。その植物とはなに？
1. バラ   2. サボテン
3. チューリップ 4. ラン

Q 0599 名古屋出身で、第76〜77代内閣総理大臣を務めた人物はだれ？
1. 池田勇人 2. 大平正芳
3. 海部俊樹 4. 橋本龍太郎

Q 0603 江戸末期、三河国田原藩の藩士で、蘭学者・画家でもあり、のちに藩の家老となった人物はだれ？
1. 佐藤一斎 2. 高野長英
3. 渡辺崋山 4. 小関三英

静岡県の答え　0572.3776m 静岡県と山梨県をまたいでいる。 0573.❸登呂遺跡　0574.❷三ヶ日人 発掘された場所の地名からついている。 0575.❸吉井川 岡山県を流れる川。 0576.伊豆半島　0577.❸ 6駅 熱海、三島、新富士、静岡、掛川、浜松の各駅がある。 0578.❷オートバイ　0579.❸河津七滝　0580.❷あじの干物。　0581.❹伊豆・下田　0582.❷茶畑 日本一の茶の産地・牧ノ原台地が見える。 0583.❶石垣イチゴ　0584.浜名湖　0585.❷初島　0586.❹ドラえもん　0587.❷今切

71

岐阜県 GIFU

Q 0604 「岐阜」の名前をつけたのはだれ？
① 織田信長　② 豊臣秀吉
③ 徳川家康　④ 斉藤道三

Q 0605 岐阜県の旧国名はなに？（答えは2つ）
① 摂津国　② 飛騨国
③ 美濃国　④ 丹波国

Q 0606 濃尾平野を流れる木曽川、長良川、揖斐川の下流に見られる、洪水の被害をふせぐための堤防で囲まれた地域を何という？

Q 0607 郡上市美並町に、あることを記念して「日本まん真ん中センター」が建てられたが、それは何を記念してか？
① 町が国内の位置として真ん中
② 町が日本の人口の真ん中
③ 町が県内の位置として真ん中
④ 歴史上の中心地（多くの歴史的な人物ゆかりの地）ということで真ん中

Q 0608 郡上市で有名な、実際にある餅の名前は？
① 殺生餅　② 半殺餅
③ 喧嘩餅　④ 強盗餅

Q 0609 長良川や木曾川で昔から行われている、水鳥を使ったアユとり漁のことを何という？

Q 0610 多治見市・土岐市などの岐阜県西部一帯で焼かれている特産の陶磁器はなに？
① 岐阜焼　② 美濃焼
③ 濃尾焼　④ 尾張焼

Q 0611 きな粉を主原料にして作る飛騨の伝統的な飴菓子はなに？
① こぶし飴
② じゃんけん飴
③ げんこつ飴
④ こつこつ飴

答えは次のページにあるよ→

Q 0612 雪を自然に落下させるために屋根を急傾斜にした、白川郷に見られる民家の建築様式はなに？
❶切妻造り ❷半切妻造り ❸合掌造り ❹神明造り

Q 0613 日本三大曳山祭のひとつに数えられる高山市の高山祭は、何月におこなわれるか？
❶8月 ❷4月と10月 ❸3月 ❹6月と11月

Q 0614 明治時代に岐阜での遊説中に暴漢におそわれて負傷した政治家はだれ？
❶大隈重信 ❷板垣退助 ❸後藤象二郎 ❹副島種臣

Q 0615 岐阜県東部の木曽地方には、日本三大美林のひとつに数えられる、ある樹木の天然林がある。その樹木とはなに？
❶ヒバ ❷ヒノキ ❸スギ ❹エゾマツ

Q 0616 食肉用に高値で取り引きされる岐阜県特産の黒毛和種の和牛は？

Q 0617 包丁や理髪店用のハサミ、カミソリなど、刃物の産地で有名な場所はどこ？
❶大垣市 ❷瑞浪市 ❸関市 ❹多治見市

Q 0618 可児市では、アジアでも最古級のウマの化石が発見されたが、そのウマは何という種類のウマ？
❶ヒマラヤウマ ❷ヒラメキウマ ❸ヒラマキウマ ❹ヒラシマウマ

Q 0619 岐阜県北部に位置し、昔からの古い街並みが残る、家具の生産地としても有名な場所はどこ？
❶中津川市 ❷高山市 ❸土岐市 ❹多治見市

愛知県の答え 0588.❸渥美半島 西につきでている半島。 0589.名古屋城 0590.❶尾張国と❹三河国 0591.❸伊吹おろし 0592.名古屋コーチン 0593.❸サムライ養鶏 明治初期に、元サムライが改良を重ねて基礎をつくった品種。 0594.❹豊田市 0595.❸中京工業地帯 工業生産額は全国で1、2を争う。 0596.❸瀬戸焼 0597.❷愛知工業大学名電高等学校 0598.❶明治村 0599.❸海部俊樹 0600.❸金魚 0601.❶菊 電照菊。 0602.❷サボテン 0603.❸渡辺崋山

73

三重県 MIE

東海エリア 三重県

Q 0620 三重県の県庁所在地はどこ？
① 鈴鹿市　② 津市
③ 四日市市　④ 亀山市

Q 0621 現在の三重県の領域ではない旧国名はどれ？
① 伊勢国　② 甲賀国
③ 紀伊国　④ 志摩国

Q 0622 伊勢市にある、古代より皇室の氏神として特別の崇敬を受けた神社はどこ？

Q 0623 名張市赤目町にあり、大小多数の滝が連続して約4km続く、国の名勝に指定されている一連の滝の総称はなに？
① 赤目四十七滝
② 赤目四十八滝
③ 赤目七十七滝
④ 赤目八十八滝

Q 0624 松坂出身で財閥の創始者となった人物はだれか？
① 三井高利　② 大倉喜八郎
③ 岩崎弥太郎　④ 安田善次郎

Q 0625 最高級の牛肉として有名で、三重県特産の黒毛和種の和牛は？
① 近江牛　② 神戸牛
③ 松坂牛　④ 但馬牛

Q 0626 近鉄志摩線の終着駅である賢島駅では、動物駅長「志摩ちゃん」が駅の名物となっている。どんな動物か？
① アヒル　② 猫
③ フンボルトペンギン　④ 犬

Q 0627 江戸時代、船頭として江戸に向かう途中に暴風にあいロシアに漂着。のちに帰国し、ロシア事情を幕府に紹介した伊勢国出身の人物はだれ？
① 音吉　② 津太夫
③ 大黒屋光大夫
④ ジョン・万次郎

答えは次のページにあるよ→

Q 0628 志摩半島の英虞湾で養殖されるアコヤ貝の中からとれる宝石の名前は？

Q 0632 三重県で工業製品での生産量が日本一のものはなに？
① ピアノ　② 自動販売機
③ オートバイ　④ 金箔

Q 0629 志摩半島沿岸は、小さな入り江が続き、養殖業がさかんに行われている。なかでも、的矢湾で養殖される魚介類で、三重県産のブランド品となっているのはなに？
① エビ　② カキ
③ アワビ　④ ナマコ

Q 0633 日本で最初の石油化学コンビナートが建設された、三重県北部にある市はどこ？
① 亀山市
② 四日市市
③ 伊勢市
④ 鈴鹿市

Q 0630 1960年代、四日市地方において、工場の排煙が原因となって多数の地域住民に気管支喘息が発生した。この公害病のことを何という？

Q 0634 生産量日本一のロウソクの産地として有名なところはどこか？
① 津市　② 伊勢市
③ 桑名市　④ 亀山市

Q 0631 県南部にある尾鷲市が日本有数の地域として有名なのは次のどれ？
① 年間交通量　② 年間降水量
③ 年間台風襲来回数
④ 年間積雪量

Q 0635 白浜海岸は日本各地にあるが、志摩市にある白浜海岸の名前はなにか？
① 志摩白浜海岸　② 伊勢白浜海岸
③ 御座白浜海岸　④ 御蔵白浜海岸

岐阜県の答え　0604.① 織田信長　0605.② 飛騨国と③ 美濃国　0606.輪中　0607.② 町が日本の人口の真ん中　0608.② 半殺餅　0609.鵜飼　0610.② 美濃焼　0611.③ げんこつ飴　0612.③ 合掌造り　0613.④ 4月と10月　0614.③ 板垣退助　0615.② ヒノキ　県内の生産量は日本有数。0616.飛騨牛　主に飛騨地方で飼育されている。0617.③ 関市　0618.③ ヒラマキウマ　0619.② 高山市

75

エリア別 北陸・東海エリア

Q0640 愛知県と岐阜県にまたがる広大な平野の名前はなに？
❶岡崎平野　❷足柄平野
❸濃尾平野

Q0636 北陸・東海地方でもっとも人口の多い県はどこ？
❶石川県　❷愛知県　❸岐阜県

Q0641 全国各地域のなかで、東海地方で最も多くとれる野菜は次のうちどれ？
❶にんじん　❷ほうれんそう
❸キャベツ

Q0637 北陸・東海地方の面積と九州地方（福岡県、大分県、熊本県、佐賀県、長崎県、宮崎県、鹿児島県）の面積はどっちが広い？

Q0638 ブロッコリーの地域の生産量において東海地方（三重県、岐阜県、愛知県、静岡県）は全国の地域別で何位？
❶1位　❷2位　❸3位

Q0642 北陸・東海地方で最も面積の広い県はどこ？
❶静岡県　❷岐阜県　❸愛知県

Q0639 北陸地方の日本海沿いを縦貫する高速道路に「北陸自動車道」がある。これは新潟市を起点として滋賀県米原市まで続く道路であるが、この道路の長さはどのくらい？
❶215km　❷487km　❸626km

Q0643 石川、福井、岐阜、富山の4県にまたがる白山国立公園には、その領域に国の特別天然記念物に指定されている場所がある。それは次のうちどれ？
❶新岩間温泉
❷チングルマ（高山植物）群生地
❸岩間の噴泉塔群

答えは次のページにあるよ→

Q 0644 岐阜県と愛知県をまたぐ飛騨木曽川国定公園の領域内で、わが国で最も古いなにかが発見された。それはなにか？
❶大木　❷お金　❸岩石

Q 0648 その山には国から天然記念物に指定された「ブッポウソウの繁殖地」があるが、このブッポウソウとはなに？
❶鳥
❷植物
❸昆虫

Q 0645 観光地として有名な潮岬を含む紀伊半島南東部に位置する国立公園の名前はなに？
❶吉野熊野国立公園
❷紀伊半島東国立公園
❸潮岬国立公園

Q 0646 岐阜県と長野県の間の飛騨山脈に沿い、焼岳・乗鞍岳・御岳などが連なる火山帯に乗鞍火山帯がある。この火山帯の別名はなに？
❶焼岳火山帯　❷岐阜火山帯
❸御岳火山帯

Q 0649 長野県、静岡県、愛知県にまたがる地域に天竜奥三河国定公園がある。この中にある愛知県で一番高い山はなに？
❶鞍掛山　❷茶臼山
❸尾張富士

Q 0647 岐阜県と長野県の間にそびえる山で、日本で最も高い場所にある高山火口湖のある山はなに？
❶立山　❷御嶽山　❸白山

Q 0650 その山の丘陵上にある先土器時代の遺跡をなんというか？

三重県の答え　0620.❷津市　0621.❷甲賀国　0622.伊勢神宮 日本の神々のなかで最高の「天照大神」が祀られている。0623.❷赤目四十八滝　0624.❶三井高利 三井財閥創始者。0625.❸松阪牛 松阪市とその周辺で育てられる。0626.❸フンボルトペンギン　0627.❸大黒屋光大夫　0628.真珠　0629.❷カキ 的矢カキは有名。0630.四日市ぜんそく　0631.❷年間降水量 約4000mm（日本の年間平均降水量1757mm）。0632.❷自動販売機　0633.❷四日市市　0634.❹亀山市　0635.❸御座白浜海岸

77

全国縦断クイズ その11
全国のご当地B級グルメほか&キャラクター ①

Q 0651 北海道室蘭市の代表的なB級グルメはなに？
❶やきとり ❷お好み焼き

Q 0652 青森県青森市の代表的なB級グルメはなに？
❶味噌カレー牛乳ラーメン ❷バターカレートマトラーメン

Q 0653 秋田県横手市のご当地キャラクターは？
❶やきっピ ❷メロン熊

Q 0654 岩手県久慈市の代表的な郷土料理で、クルミ入りの団子が入っている汁をなんという？
❶しょうが汁 ❷まめぶ汁

Q 0655 宮城県仙台市青葉区のご当地キャラクターは？
❶ワッシーくん ❷てる政宗

Q 0656 福島県浪江町で誕生したB級グルメはなに？
❶なみえオムライス ❷なみえ焼きそば

Q 0657 山形県河北町の郷土料理は？
❶熱い肉そば ❷冷たい肉そば

Q 0658 茨城県非公認のご当地キャラクターは？
❶ねば〜る君 ❷こうちゃん

Q 0659 栃木県那須塩原市の塩原温泉郷で食べられる焼きそばは？
❶あんかけ焼きそば ❷スープ入り焼きそば

Q 0660 群馬県伊勢崎市発祥のB級グルメはなに？
❶伊勢崎もんじゃ ❷伊勢崎餃子

Q 0661 埼玉県行田市の郷土料理は？
❶スタミナラーメン ❷ゼリーフライ

Q 0662 千葉県船橋市のご当地B級グルメはなに？
❶焼き飯 ❷ソースラーメン

Q 0663 東京都内のご当地キャラクターはどれ？
❶にしこくん ❷たまたん

答えは次のページにあるよ→

Q 0664 神奈川県厚木市を中心とし、2008年の第3回「B-1グランプリ」で優勝した食べ物は？
❶軍艦カレー
❷シロコロ・ホルモン

Q 0665 山梨県内で実際に販売されているカレーはどれ？
❶ぶどうカレー　❷なしカレー

Q 0666 長野県のご当地キャラクターは？
❶えぼし麻呂　❷アルクマ

Q 0667 新潟県糸魚川市のご当地焼きそばは？
❶糸魚川ブラック焼きそば
❷糸魚川レッド焼きそば

Q 0668 石川県金沢市のオムライスのようなご当地B級グルメは？
❶ケチャップタマゴライス
❷ハントンライス

Q 0669 富山県高岡市の名物はなに？
❶コロッケ　❷お好み焼き

Q 0670 福井県の永平寺の名物豆腐は？
❶たまご
❷ごま

Q 0671 静岡県富士宮市で有名なB級グルメはなに？
❶やきそば　❷おでん

Q 0672 愛知県豊川市のご当地料理はなに？
❶いなり寿司　❷さば寿司

Q 0673 愛知県一宮市のご当地ラーメンは？
❶ベトコンラーメン
❷ベーコンラーメン

Q 0674 三重県津市のご当地B級グルメはなに？
❶やきそば　❷餃子

Q 0675 滋賀県内のご当地キャラクターはどれ？
❶エビザベス　❷ひこにゃん

北陸・東海エリアの答え　0636.❷愛知県　約754万人。0637.九州地方　42,165km²、北陸・東海地方の面積は41,930km²。0638.❷2位　1位は関東地方。0639.❷487km　0640.❸濃尾平野　全国で2番目に広い平野。0641.❸キャベツ　0642.❷岐阜県 10,598km²。0643.❸岩間の噴泉塔群　0644.❸岩石　約20億年前といわれる。0645.❶吉野熊野国立公園　0646.❸御岳火山帯　0647.❷御嶽山　二ノ池、標高2908m。0648.❶鳥　0649.❷茶臼山　高さ1415m。0650.茶臼山遺跡

79

全国縦断クイズ その12
全国のご当地B級グルメほか&キャラクター②

Q 0676 京都府亀岡市のご当地キャラクターはどれ？
❶明智かめまる
❷さくやちゃん

Q 0677 大阪の名物で、ソースの二度漬け禁止が一般的な料理は？
❶串かつ　❷たこ焼き

Q 0678 奈良県の名物のお粥をなんという？
❶大和の茶がゆ
❷大和のゆずがゆ

Q 0679 和歌山市のB級グルメは？
❶紀州だんじり焼き鳥バーガー
❷紀州よさこい焼豚バーガー

Q 0680 兵庫県尼崎市のご当地キャラクター「ちっちゃいおっさん」はどんなキャラクター？
❶くるくる回る　❷しゃべる

Q 0681 鳥取県内の郷土料理はどれ？
❶とうふちくわ
❷チーズとうふ

Q 0682 島根県浜田市で有名なB級グルメはなに？
❶赤天
❷たこ天

Q 0683 岡山県津山市のご当地B級グルメはなに？
❶津山焼豚うどん
❷津山ホルモンうどん

Q 0684 広島県内で食べられているお好み焼きはなんという？
❶府中焼き　❷調布焼き

Q 0685 広島県呉市のご当地B級グルメはなに？
❶呉細うどんカレー
❷呉焼きそばカレー

Q 0686 山口県のPR本部長となっているご当地キャラクターはなに？
❶さるる　❷ちょるる

Q 0687 香川県丸亀市のご当地キャラクターの名は「○○骨付じゅうじゅう」という、○○とはなに？
❶とり奉行　❷なべ奉行

答えは次のページにあるよ→

Q 0688 愛媛県今治市のB級グルメは？
❶今治焼豚玉子飯
❷今治あんかけ豚丼

Q 0689 高知県で出される、刺身、すし、鰹のたたきなど、三枚の皿に盛られた郷土料理をなんという？
❶皿盛料理　❷皿鉢料理

Q 0690 福岡県で「とよのか」の後継種として育成されたイチゴの名はなに？
❶紅ほっぺ　❷あまおう

Q 0691 大分県のご当地料理はなに？
❶だんご汁　❷モツ鍋

Q 0692 熊本県の郷土菓子は？
❶すぐに団子
❷いきなり団子

Q 0693 佐賀県唐津市名物のB級グルメはなに？
❶焼きそば　❷ハンバーガー

Q 0694 佐賀県小城市の麺と食材を混ぜて食べるB級グルメはなに？
❶マジェンバ　❷マリンバ

Q 0695 長崎県佐世保市名物のB級グルメはなに？
❶ハンバーガー　❷カレー

Q 0696 宮崎県発祥の鶏肉を使用した料理はなに？
❶チキン南蛮
❷フライドチキン

Q 0697 宮崎県発祥のご当地B級グルメおにぎりはなにを巻いている？
❶豚肉　❷こんぶ

Q 0698 鹿児島県で名物のB級グルメはなに？
❶チャーハン　❷ラーメン

Q 0699 沖縄県糸満市発祥のご当地おにぎりをなんという？
❶バクダンおにぎり
❷だんがんおにぎり

Q 0700 沖縄県内で製造されているビールの名前は？
❶オリオンビール
❷ピンタンビール

全国縦断クイズ その11の答え　0651.❶やきとり　0652.❶味噌カレー牛乳ラーメン　0653.❶やきっピ　0654.❷まめぶ汁　0655.❷てる政宗　0656.❷なみえ焼きそば　0657.❷冷たい肉そば　0658.❶ねば〜る君　0659.❷スープ入り焼きそば　0660.❶伊勢崎もんじゃ　0661.❷ゼリーフライ　0662.❷ソースラーメン　0663.❶にしこくん　0664.❷シロコロ・ホルモン　0665.❶ぶどうカレー　0666.❷アルクマ　0667.❶糸魚川ブラック焼きそば　0668.❷ハントンライス　0669.❶コロッケ　0670.❷ごま　0671.❶やきそば　0672.❶いなり寿司　0673.❶ベトコンラーメン　0674.❷餃子　0675.❷ひこにゃん

滋賀県 SHIGA

関西エリア 滋賀県

Q 0701 滋賀県の旧国名はなに？
① 山城国　② 摂津国
③ 河内国　④ 近江国

Q 0702 滋賀県の県庁所在地はどこ？
① 近江八幡市　② 米原市
③ 草津市　　　④ 大津市

Q 0703 日本一大きい湖である琵琶湖は、滋賀県の面積の約何分の1？
① 4分の1
② 5分の1
③ 6分の1
④ 7分の1

Q 0704 近江国坂田郡（現長浜市）出身の武将・石田三成の家臣で、「治部少（三成のこと）にすぎたるもの」のひとつといわれた名参謀はだれか？
① 直江兼続　② 島左近
③ 黒田官兵衛　④ 本多正信

Q 0705 琵琶湖畔に浮かぶ鳥居があることから、「近江の厳島」とよばれる、滋賀県で最も古い神社はどれ？
① 八坂神社　② 大鳥大社
③ 白鬚神社　④ 平野神社

Q 0706 琵琶湖でとれる魚を使ったお寿司はなに？
① 押しずし　② 鮒ずし
③ 箱ずし　　④ 祭ずし

Q 0707 比叡山に延暦寺を開いたのはだれ？
① 最澄　② 空海
③ 親鸞　④ 日蓮

Q 0708 その昔、近江国の六角氏が滅ぼされたとき、残された3歳の遺児を養うために売られた餅で、今では草津の名物となった食べ物は？
① 婆が餅　② 時が餅
③ 姥が餅　④ 草が餅

答えは次のページにあるよ→

Q 0709 和歌において「近江」にかかる枕詞はどれ？
① 静波の　② 藤波の
③ 細波の　④ 速波の

Q 0713 琵琶湖から流れ出す川が一本ある。その川の名前はなに？
① 姉川　　② 瀬田川
③ 余呉川　④ 宇曽川

Q 0710 甲賀市を中心に作られる伝統陶磁器。日本六古窯のひとつで、一般には狸の置き物で有名な焼物はなに？
① 信楽焼
② 湖東焼
③ 備前焼
④ 楢岡焼

Q 0714 現滋賀県出身の戦国武将で、幼名を猿夜叉丸といい、後に織田信長らによって攻め滅ぼされた人物はだれ？
① 浅井長時　② 浅井長政
③ 浅井盛政　④ 浅井吉政

Q 0715 織田信長が、天下統一の拠点として築いた城の名前はなに？
① 竹田城　② 高取城
③ 岡城　　④ 安土城

Q 0711 琵琶湖の中にある一番大きい島はなに？
① 竹生島　② 多景島
③ 沖島

Q 0712 JR東海道本線・大津駅のとなりは「膳所駅」。この駅の読み方はなに？
① ぜじょ　　② ぜんどころ
③ ぜぜ　　　④ ぜんしょ

Q 0716 かつて神崎郡にあった地名（現東近江市）で、近江商人発祥地のひとつとして知られる場所はどこ？
① 永源寺　② 五個荘
③ 愛東　　④ 湖東

全国縦断クイズ その12の答え　0676.①明智かめまる　0677.①串かつ　0678.①大和の茶がゆ　0679.②紀州よさこい焼豚バーガー　0680.②しゃべる　0681.①とうふちくわ　0682.①赤天　0683.②津山ホルモンうどん　0684.①府中焼き　0685.①呉細うどんカレー　0686.②ちょるる　0687.①とり奉行　0688.①今治焼豚玉子飯　0689.②皿鉢料理　0690.②あまおう　0691.①だんご汁　0692.②いきなり団子　0693.②ハンバーガー（唐津バーガー）　0694.①マジェンバ　0695.①ハンバーガー（佐世保バーガー）　0696.①チキン南蛮　0697.①豚肉　0698.②ラーメン　0699.①バクダンおにぎり　0700.①オリオンビール

83

京都府 KYOTO

関西エリア 京都府

Q 0717 京都府の領域にはない旧国名はなに？
① 山城国 ② 和泉国
③ 丹後国 ④ 丹波国

Q 0718 京都市東山の如意ヶ岳の山で毎年8月の夜に行う火祭では、山の中腹に準備したマツの割木に一斉に火をつけて何の文字を浮き出すのか？
① 祭 ② 大 ③ 火 ④ 花

Q 0719 日本三景のひとつとされ、宮津湾と内海の阿蘇海を南北に隔て、砂地とマツが並んで海にかかった橋のように見える場所はなに？

Q 0720 京都市に「土下座像」として知られる高山彦九郎の銅像があるが、この人はなにをした人？
① 全国に尊王論を説いてまわった
② 藩の立て直しの資金集めのために、お願い行脚をした
③ 幕府の失政を詫びるために天皇に直接面会した

Q 0721 日本三大祭のひとつで、京都市の八坂神社で行われる祭の名前はなに？
① 葵祭
② 時代祭
③ 天神祭
④ 祇園祭

Q 0722 京都の街のシンボルである京都タワーは何をイメージして作られたか？
① 東京タワー ② エッフェル塔
③ 灯台 ④ 航空管制塔

Q 0723 とんち話で有名な一休さんは、京都のどのお寺で幼少期から修行をした？
① 西芳寺 ② 大徳寺
③ 安国寺 ④ 竜安寺

Q 0724 荏胡麻油の発祥地とされ、現在は油の神様として有名な、大山崎町にある神社の名前は？
① 谷地八幡宮 ② 離宮八幡宮
③ 若宮八幡宮 ④ 長柄八幡宮

答えは次のページにあるよ→

Q 0725 室町時代に第3代将軍・足利義満が、別荘の一部として建てた豪華な建物はなに？

Q 0729 舞鶴湾や宮津湾などの丹後の海でとれる、地元名産の海産物はなに？
❶ホッキガイ ❷ホタテガイ ❸トリガイ ❹アワビ

Q 0726 京都名産のマツタケといえば、香りの良さと弾力に富んだ歯ごたえで「丹波松茸」が有名だが、そのマツタケは何の林に生える？
❶クロマツ ❷アカマツ ❸キタゴヨウ ❹ゴヨウマツ

Q 0730 名前の頭に産地名「聖護院」がつく京野菜はなに？
❶胡瓜 ❷大根 ❸人参 ❹茄子

Q 0727 福知山市では、地元につたわる鬼伝説を活かしたまちづくりイベントを実施している。そのイベントとはなに？
❶大江町酒呑鬼子祭り
❷大江山酒呑麒麟祭り
❸大江山酒呑童子祭り
❹酒呑大江町祭り

Q 0731 平安時代に藤原頼通によって造られ、現在の10円玉の表に刻まれている建物の名前はなに？
❶富貴寺大堂
❷平等院鳳凰堂
❸中尊寺金色堂
❹法界寺阿弥陀堂

Q 0728 その福知山市の鬼伝説で、鬼を退治したとされる人物はだれか？
❶源 頼朝 ❷源 満仲 ❸源 頼光 ❹源 頼信

Q 0732 京都駅ビルにある、日本各地のラーメン店を集めた人気スポットの名前はなに？
❶京都拉麺大通
❷京都拉麺小路
❸京都拉麺通り
❹京都拉麺タウン

滋賀県の答え 0701.❹近江国 0702.❹大津市 0703.❸6分の1 滋賀県の面積は4017km²、琵琶湖は670km²。 0704.❷島左近 0705.❸白鬚神社 0706.❷鮒ずし ニゴロブナという魚を使っている。 0707.❶最澄 788年に創建された。 0708.❸姥が餅 その乳母が売り始めたことから。 0709.❹細波の 0710.❶信楽焼 0711.❸沖島 面積1.5km²もある。 0712.❸ぜぜ 0713.❷瀬田川 0714.❷浅井長政 0715.❹安土城 0716.❷五個荘

大阪府 OSAKA

関西エリア　大阪府

Q 0733 日本の三大工業地帯のひとつで、大阪府はその工業地帯の中心部となる。その工業地帯の名前は？

Q 0734 豊臣秀吉が天下統一の拠点として築いたお城の名前は？

Q 0735 豊臣秀吉がそのお城を築いたときにつくった金箔張りの部屋の名は「黄金の○○」というが、○○の中に入ることばはなに？
❶寝室　❷トイレ
❸台所　❹茶室

Q 0736 大阪生まれで日本のSF小説家の代表格。1970年の大阪万博のテーマ館サブプロデューサ、90年の国際花と緑の博覧会総合プロデューサ等を務めたことでも有名。この人はだれ？
❶星新一　　❷田中芳樹
❸小松左京　❹堺屋太一

Q 0737 江戸時代に五穀豊穣を祈願して行った稲荷祭が起源とされ、だんじり（＝山車）に人を乗せて市中を引き回す「岸和田だんじり祭」の別名はなに？
❶あばれ祭　❷ぶっかけ祭
❸けんか祭　❹野郎祭

Q 0738 現在の大阪府の領域ではない旧国名はどれ？
❶摂津国の東部　❷大和国
❸河内国　　　　❹和泉国

Q 0739 足の裏をなでるとご利益があると言われている通天閣にあるアメリカから来た神様の名前はなに？
❶ビリケン　❷仙台四郎
❸ピクラス　❹コワトリクエ

Q 0740 今や全国的に有名な食べ物で、キャベツやイカなどの好みの食材を混ぜて鉄板の上で焼く大阪名物はなに？

答えは次のページにあるよ→

Q 0741 江戸時代から薬問屋が集まり、薬の流通の中心地になっていた大阪市道修町にある「薬の神様」として知られる神社の名前はなに？
❶露天神社 ❷豊国神社 ❸少彦名神社 ❹晴明神社

Q 0742 毎年7月に天満宮で行われる日本三大夏祭のひとつに数えられるお祭りの名前はなに？
❶祇園祭 ❷天神祭 ❸山王祭 ❹七夕まつり

Q 0743 大阪府にある国際空港の名前は？

Q 0744 飛鳥時代にできた、当時の難波と飛鳥の京（現在の大阪と奈良）をむすぶ日本最古の国道の名前はなに？
❶飛鳥街道 ❷竹内街道 ❸明日香街道 ❹藤原街道

Q 0745 大阪市に高さ4.5mの日本一低い山があるが、その山の名前はなに？
❶ポンポン山 ❷歌垣山 ❸飯盛山 ❹天保山

Q 0746 大阪市浪速区の繁華街・新世界にある通天閣の高さは何メートルある？
❶75m ❷103m ❸112m ❹160m

Q 0747 日本初の万国博覧会が開かれたとき（1970年）のシンボルはなにの塔？
❶万博の塔 ❷大阪の塔 ❸太陽の塔 ❹日月の塔

Q 0748 仁徳天皇をほうむったと伝えられる堺市にある前方後円墳の名前は？
❶大山（仙）古墳 ❷江田船山古墳 ❸百舌鳥大塚山古墳 ❹平山古墳

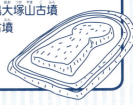

京都府の答え　0717.❷和泉国 現在の大阪府の南西部。　0718.❷大「大文字送り火」という。　0719.天橋立　0720.❶全国各地に尊王論を説いてまわった。江戸時代後期の人物。　0721.❹祇園祭 毎年7月に行われているお祭。　0722.❸灯台　0723.❸安国寺　0724.❷離宮八幡宮　0725.金閣 京都の北山にある。　0726.❷アカマツ　0727.❸大江山酒呑童子祭り　0728.❸源頼光　0729.❸トリガイ　0730.❷大根　0731.❷平等院鳳凰堂　0732.❷京都拉麺小路

関西エリア 奈良県

奈良県 NARA

Q 0749 2010年は平城遷都1300年記念の年だが、では、平城京に遷都したのは西暦何年のこと？

Q 0750 奈良県には、橿原市・大和八木駅〜和歌山県新宮市・新宮駅までの間、日本一の長い距離を走る路線バスがある。その路線の長さはどのくらい？
① 156km ② 165km
③ 167km ④ 170km

Q 0751 東大寺大仏殿にある本尊の名前はなに？

Q 0752 奈良県には日本一広い村（北方領土を除いて）がある。その村の名前はなに？
① 川上村 ② 野迫川村
③ 十津川村 ④ 山添村

Q 0753 その村には日本一長い吊り橋「谷瀬橋（通称：谷瀬の吊り橋）」があるが、その橋の長さはどれくらい？
① 205m ② 263m
③ 297m ④ 355m

Q 0754 藤原京から平城京に遷都した天皇はだれ？
① 持統天皇 ② 元明天皇
③ 文武天皇 ④ 嵯峨天皇

Q 0755 「大和の雅陶」として有名な、大和郡山市の名産品といえば？
① 萬古焼 ② 膳所焼
③ 朝日焼 ④ 赤膚焼

Q 0756 大和郡山市が養殖の中心となっている、鮒を改良した観賞用の魚の名前は？

88

答えは次のページにあるよ→

Q 0757 桜井市は相撲発祥の地。そこに相撲神社が建てられているが、その神社に祀られている相撲取(力士)の祖と伝えられる人物はだれか？
❶ 橘文成　❷ 倭建命
❸ 野見宿禰　❹ 在原業平

Q 0761 東部の吉野地方で産出されるもので、質が良いために酒樽などを作る際にも用いられる木材はなに？
❶ スギ　❷ ブナ
❸ ヒノキ　❹ かしわ

Q 0758 ユネスコに登録されている奈良県の世界文化遺産はいくつある？（日本の中では最多）
❶ 1つ　❷ 2つ　❸ 3つ　❹ 4つ

Q 0762 『万葉集』などの古歌によまれたことで知られる「大和三山」だが、そうではない山はどれ？
❶ 畝傍山　❷ 三輪山
❸ 天香久山　❹ 耳成山

Q 0759 奈良時代に藤原氏がつくったもので、藤原氏の氏神としてさかえた奈良市春日野町にある神社の名前は？

Q 0763 聖徳太子が建てた、生駒郡斑鳩町にある世界最古の木造建築物(お寺)の名前は？

Q 0760 奈良市にある東大寺の正倉院にはなに天皇の遺品が収蔵されているのか？
❶ 持統天皇　❷ 聖武天皇
❸ 冷泉天皇　❹ 後醍醐天皇

Q 0764 かつて大和朝廷があったことを物語る古墳はどれか？（答えは2つ）
❶ 崇神陵　❷ 北山陵
❸ 嵯峨南陵　❹ 景行陵

大阪府の答え　0733.阪神工業地帯。 0734.大阪城 1585年に完成したお城。 0735.❹茶室　0736.❸小松左京　0737.❸けんか祭　0738.❷大和国 現在の奈良県v 0739. ❶ビリケン　0740.お好み焼き 戦前は「洋食焼き」とよばれていた。 0741.❸少彦名神社　0742.❷天神祭 天満天神祭ともいう。 0743.関西国際空港 1994年に大阪湾にできた空港。 0744.❷竹内街道　0745.❹天保山　0746. ❷103m　0747.❸太陽の塔　岡本太郎の作品。 0748.❶大山(仙)古墳

関西エリア 和歌山県

和歌山県 WAKAYAMA

Q 0765 和歌山県の旧国名は？
① 和泉国　② 大和国
③ 河内国　④ 紀伊国

Q 0766 徳川御三家のひとつから江戸幕府8代将軍となったのは徳川吉宗であるが、彼はその藩の第何代藩主？
① 初代　② 第3代
③ 第5代　④ 第8代

Q 0767 徳川吉宗が行った幕政の改革は何と呼ばれているか？
① 寛政の改革　② 天保の改革
③ 享保の改革　④ 正徳の治

Q 0768 和歌山県で「うめ」は日本一の生産量をほこるが、全国の中でどのくらいの割合を占める？
① 約4割　② 約5割
③ 約6割　④ 約8割

Q 0769 同じく和歌山県が全国1位の生産量をほこる果実はなに？
① ブルーベリー
② キウイフルーツ
③ サクランボ
④ かき

Q 0770 和歌山県を代表する果物としてはみかんが有名。そこで最も多く栽培されている品種名は？
① なんきみかん
② うんしゅうみかん
③ だいだい　④ ばんぺいゆ

Q 0771 東牟婁郡那智勝浦町に、日本一短い川があるが、その名前はなに？
① ぼつぼつ川　② ぶつぶつ川
③ つぶつぶ川　④ ぽつぽつ川

Q 0772 東牟婁郡串本町にある本州で最も南にある岬の名前はなに？
① 室戸岬　② 潮岬
③ 佐多岬　④ 都井岬

答えは次のページにあるよ→

Q 0773 日本三古湯に数えられる和歌山県の温泉は？
① 湯の峰温泉　② 渡瀬温泉
③ 白浜温泉　　④ 龍神温泉

Q 0774 空海〈弘法大師〉が真言宗の道場として高野山に開いた寺院はなに？
① 銀閣寺　② 金剛峯寺
③ 延暦寺　④ 本願寺

Q 0775 日本三名瀑のひとつ、那智勝浦町の那智滝の、上から滝壺までの落差はどのくらい？
① 63m　② 83m
③ 133m　④ 183m

Q 0776 「紀州備長炭」の読み方は？

Q 0777 宅地開発から自然を守るために、日本ではじめて市民運動によって「ナショナルトラスト※」が行われた場所はどこ？
① 日ノ御埼
② 天神崎
③ 潮岬
④ 恋人岬

※ナショナルトラスト：美しい自然や歴史的建造物を守るため、広く基金を募って保存管理する運動。

Q 0778 日本在来の動物で国の天然記念物に指定されている中形の動物はなにか？
① 犬　② 鳥
③ 猫　④ アライグマ

Q 0779 和歌山県で最も高い山はなに？
① 耳取山　② 虎が峰
③ 龍神岳

Q 0780 いちご電車が走る貴志川線の貴志駅は、動物駅長で話題をよんだが、その動物とはなに？
① 猫　　　　② 犬
③ チンパンジー　④ 日本猿

奈良県の答え　0749.710年　0750.③167km 停留所の数は167か所もある。0751.奈良の大仏、または、廬舎那仏座像　0752.③十津川村 672.35km²ある。0753.③297m　0754.②元明天皇　0755.④赤膚焼　0756.金魚　0757.③野見宿禰　0758.③3つ 古都奈良の文化財、法隆寺地域の仏教建造物、紀伊山地の霊場と参詣道。0759.春日大社　0760.②聖武天皇　0761.①スギ 吉野スギは有名。0762.②三輪山　0763.法隆寺 建てた当時は斑鳩寺とよばれていた。0764.①崇神陵と④景行陵

兵庫県 HYOGO

関西エリア　兵庫県

Q 0781 現在の兵庫県は、5つの旧国の領域にまたがって成立している。具体的には、摂津国、丹波国、播磨国、淡路国と、もうひとつの旧国名はなに？
① 紀伊国　② 但馬国
③ 和泉国　④ 伯耆国

Q 0782 初代兵庫県知事はだれ？
① 陸奥宗光　② 木戸孝允
③ 伊藤博文　④ 井上馨

Q 0783 赤穂市には歴史的に有名な赤穂浪士（忠臣蔵）の話がある。その事件で、中心人物となった大石内蔵助（赤穂藩家老）の本名はなに？
① 大石秀樹　② 大石幸雄
③ 大石良雄　④ 大石雄一

Q 0784 質のよい米ときれいな水に恵まれた地域の「灘」において数百年前から造られ続けている飲み物はなに？

Q 0785 「赤穂の塩」は全国的に有名だが、その製法は何という？
① 揚浜式製塩法
② 入り浜式製塩法
③ 流下式製塩法　④ 加熱噴霧法

Q 0786 西脇市には経緯度で日本列島の中心に位置する地点（東経135度と北緯35度の交差地点）があるが、そこにはなにがあるか？
① 日本の中心記念タワー
② まんまん中記念館
③ 日本まん中公園
④ 日本へそ公園

Q 0787 異人館が数多く残っており、異国情緒にあふれる地方都市はどこ？

Q 0788 明石市には日本標準時子午線（日本の標準時刻の基準）が通っているが、それは東経何度？
① 東経134度　② 東経135度
③ 東経136度　④ 東経137度

答えは次のページにあるよ→

Q 0789 「白鷺城」ともよばれ、世界遺産にもなったお城はなに？

Q 0790 そのお城を現在残る形に改修したのはだれ？
❶赤松貞範　❷池田輝政
❸黒田重隆　❹羽柴秀吉

Q 0791 加西市両月町の「両月」は何とよむ？
❶もろづき　❷りょうづき
❸わち　　　❹ふたつき

Q 0792 赤穂市の大避神社で毎年行われる瀬戸内海三大船祭りのひとつはなに？
❶灘のけんか祭り
❷明神池お船まつり
❸坂越船祭り
❹源氏まつり

Q 0793 小野市の特産品で、県の伝統的工芸品に指定されている家庭用刃物はどれか？
❶播州鋏　❷播州包丁
❸播州鍬　❹播州鎌

Q 0794 神戸ポートタワーの高さは何メートル？
❶83m　❷100m
❸108m　❹115m

Q 0795 その生産量で全国の8割を占める小野市の特産品はなに？
❶時計　　❷まな板
❸そろばん　❹洋傘

Q 0796 神戸市と淡路島を結ぶ世界最長のつり橋の名前はなに？

和歌山県の答え　0765.❹紀伊国　0766.❸第5代 紀伊藩の第5代藩主。0767.❸享保の改革　0768.❸約6割　0769.❹かき 全国で約2割の生産量を占めている。0770.❷うんしゅうみかん（温州みかん）和歌山県は生産量日本一。0771.❷ぶつぶつ川 長さ13.5mしかない川。0772.❷潮岬　0773.❸白浜温泉　0774.❷金剛峯寺　0775.❸133m 日本で1番。0776.きしゅうびんちょうたん　0777.❷天神崎 田辺市西部にある。0778.❶犬 紀州犬。0779.❸龍神岳 高さ1382m。0780.❶猫 三毛猫のたま。

93

エリア別 関西エリア

エリア別クイズ
関西エリア

Q 0797 大阪市、神戸市の二大都市を中心に広がる臨海工業地帯はなに？
❶ 大阪工業地帯
❷ 大阪兵庫工業地帯
❸ 阪神工業地帯

Q 0798 関西地方で最も人口の多いところはどこ？
❶ 兵庫県　❷ 京都府
❸ 大阪府

Q 0799 関西地方で最も面積の広いところはどこ？
❶ 滋賀県　❷ 兵庫県
❸ 和歌山県

Q 0800 1995（平成7）年1月17日、兵庫県を中心として阪神地方に甚大な被害を与えた地震はなに？

Q 0801 東海地方（三重県、岐阜県、愛知県、静岡県）の面積と関西地方の面積では、どちらが広い？

Q 0802 全国各地域のなかで、関西地方でもっとも多くとれる果実は次のうちのどれ？
❶ いちご　❷ メロン　❸ かき

Q 0803 関東平野、大阪平野、濃尾平野を、広さで順番をつけると、大阪平野は何番目？
❶ 1番目　❷ 2番目　❸ 3番目

Q 0804 東海道新幹線の米原駅（滋賀県）から次の駅である京都駅間は、あることで日本一だが、それはどんなこと？
❶ 日本一乗車客数の多い区間
❷ 日本一降車客数の多い区間
❸ 隣の駅までの距離が日本一長い

答えは次のページにあるよ→

Q 0805 三重県と滋賀県の間には鈴鹿国定公園がある。そこには国の特別天然記念物に指定された動物が住んでいるが、それはどんな動物?
❶ ニホンオオカミ
❷ ニホンカモシカ
❸ ツキノワグマ

Q 0808 関西地方で一番高い山の名前は?
❶ 氷ノ山　❷ 皆子山
❸ 八剣山

Q 0809 京都府京丹後市から鳥取県鳥取市までの日本海に臨む地域に山陰海岸国立公園がある。ここでは、弥生時代を主とした複合遺跡が発見されているが、その遺跡の名前はなに?
❶ 吉野ヶ里遺跡
❷ 登呂遺跡
❸ 函石浜遺跡

Q 0806 同じ地域に、県によって天然記念物に指定された「キリシマミドリシジミ」が住んでいるが、これはどんな生きもの?
❶ 貝のシジミ　❷ トンボ
❸ チョウ

Q 0810 地理的な場所を示す言葉として「関西」という言葉が使われた最初の文献はなに?
❶ 万葉集　❷ 源氏物語
❸ 吾妻鏡

Q 0807 わが国で最初の、また、最大の国立公園の名前はなに?
❶ 伊勢志摩国立公園
❷ 瀬戸内海国立公園
❸ 大山隠岐国立公園

兵庫県の答え　0781.❷但馬国　0782.❸伊藤博文　0783.❺大石良雄　0784.清酒　0785.❷入り浜式製塩法　0786.❹日本へそ公園　0787.神戸市　0788.❷東経135度　0789.姫路城　0790.❷池田輝政 1609年に完成させた。　0791.❸わち　両月町で「わちちょう」と読む。　0792.❸坂越船祭り　0793.❹播州鎌　0794.❸108m　0795.❸そろばん「播州そろばん」といわれている。　0796.明石海峡大橋　長さ3911mもある。

95

全国縦断クイズ その13
歴史人物の出身地クイズ

歴史人物の出身地を当てよう！

Q 0811
①山形県
大正時代から昭和時代の歌人で、歌集に『赤光』『あらたま』などがある。この人はだれ？

Q 0812
②茨城県
室町時代の剣術家で、卜伝流を生み出し、第13代将軍足利義輝を指南した人はだれ？

Q 0813
③群馬県
江戸時代の和算家で、日本独自の数学である「和算」を確立した人はだれ？

Q 0814
④埼玉県　明治時代から大正時代にかけて活躍した実業家で、第一国立銀行のほかに王子製紙など数多くの企業の設立にかかわった人はだれ？

Q 0815
⑤千葉県
詩人・小説家で、代表作には『武蔵野』『源叔父』『牛肉と馬鈴薯』などがある。この人はだれ？

Q 0816
⑥東京都　明治時代の作曲家で、歌曲集「四季」、中学唱歌「荒城の月」、「箱根八里」などを作曲した人はだれ？

Q 0817
⑦長野県　江戸時代の信濃(現長野県)松代藩家老で、藩の財政立て直しを実施し、この改革が『日暮硯』にしるされている人はだれ？

Q 0818
⑧新潟県
日中国交正常化を実現した元首相はだれ？

Q 0819
⑨愛知県
織田信長につかえ、数々の戦いで功をたてて、のちに天下人となる人はだれ？

Q 0820
⑩三重県　江戸時代の商人で、東廻り航路・西廻り航路を開発、また、安治川などの治水工事にも業績を残した人はだれ？

答えは次のページにあるよ→

答えはここから選ぼう！

a. 西郷隆盛	f. 行基	k. 渋沢栄一	p. 国木田独歩
b. 正岡子規	g. 田中角栄	l. 坂本龍馬	q. 斎藤茂吉
c. 森鷗外	h. 大隈重信	m. 井伊直弼	r. 関孝和
d. 雪舟	i. 滝廉太郎	n. 恩田木工	s. 塚原卜伝
e. 陸奥宗光	j. 福沢諭吉	o. 河村瑞賢	t. 豊臣秀吉

Q 0821 ⑪滋賀県　近江国彦根藩主で、江戸時代末期の幕府の大老であった人はだれ？

Q 0826 ⑯愛媛県　俳人・歌人で、俳句革新に取り組み、俳誌「ホトトギス」を援助しながら活動していた人はだれ？

Q 0822 ⑫大阪府　奈良時代の僧で、日本最初の大僧正の位を授けられた人はだれ？

Q 0827 ⑰高知県　幕末の志士で、薩長同盟成立に尽力したり、大政奉還を成功させた人はだれ？

Q 0823 ⑬和歌山県　脱藩して、坂本龍馬の海援隊に入り、明治維新後は外交に手腕を発揮した人はだれ？

Q 0828 ⑱大分県　咸臨丸でアメリカに渡った人で、代表作に『西洋事情』、『学問のすゝめ』などがある人はだれ？

Q 0824 ⑭島根県　軍医・小説家で、代表作に『舞姫』、『阿部一族』、『高瀬舟』などがある人はだれ？

Q 0829 ⑲佐賀県　日本で最初の政党内閣を組織したり、東京専門学校（早稲田大学の前身）を創立したりした人はだれ？

Q 0825 ⑮岡山県　室町時代の画僧で、自然に対する深い思いのもとに個性豊かな水墨山水画様式を完成させた人はだれ？

Q 0830 ⑳鹿児島県　維新の三傑の一人と称され、陸軍元帥兼参議となるが、のちに西南戦争を起こして敗れた人はだれ？

関西エリアの答え　0797.❸阪神工業地帯　0798.❸大阪府 約884万人　0799.❷兵庫県 8394km²。0800.阪神・淡路大震災　0801.東海地方 29,309km²、関西地方の面積は27,334km²。0802.❸かき　0803.❸3番目 関東平野 16,800km²、濃尾平野 約1800km²、大阪平野 約1600km²の順。0804.❸隣りの駅までの距離が日本一長い 68.1km。0805.❷ニホンカモシカ　0806.❸チョウ　0807.❸瀬戸内海国立公園　0808.❸八剣山 高さ1915m、奈良県。0809.❸函石浜遺跡　0810.❸吾妻鏡 鎌倉幕府が編纂した歴史書。

97

中国エリア 鳥取県

鳥取県 TOTTORI

Q 0831 鳥取県は今日の県が成立するまでに、最終的にある県から分離してできた。そのある県とはどこか？
① 島根県　② 広島県　③ 岡山県　④ 兵庫県

Q 0832 産地として鳥取県が有名な、日本なしの品種のひとつはなに？

Q 0833 その「なし」の苗木はもともとどこの地域から購入したのか？
① 和歌山県　② 千葉県　③ 山梨県　④ 長野県

Q 0834 鳥取県の旧国名はなに？（答えは2つ）
① 因幡国　② 伯耆国　③ 出雲国　④ 石見国

Q 0835 東西約16km、南北約2kmの、観光地としても有名な海岸砂丘はどこ？

Q 0836 奈良時代に因幡国の国司（役人）となった人物で、『万葉集』の撰者といわれている人物がいる。その名前はなに？
① 中臣宅守　② 大伴家持　③ 柿本人麻呂　④ 山部赤人

Q 0837 その撰者より約30年も前に一方の伯耆国の国司であった、有名な万葉歌人はだれ？
① 湯原王　② 笠金村　③ 大伴旅人　④ 山上憶良

Q 0838 日本の陽明学の祖で、少年期を米子で過ごした儒学者はだれ？
① 安岡正篤　② 中江藤樹　③ 王陽明　④ 熊沢蕃山

98

答えは次のページにあるよ→

Q 0839 鳥取市の用瀬町で、毎年旧暦の3月3日のひなまつりの日に行われる全国的に有名な行事があるが、それはなに？
❶獅子舞 ❷流しびな
❸餅つき ❹女神輿

Q 0840 鳥取砂丘の周辺でスプリンクラーを使って栽培される、日本で第2位の生産量をほこる野菜はなに？

Q 0841 境港市にある商店街は、境港出身の漫画家が描いた妖怪の世界をテーマとした観光名所になっている。その商店街の名称はなに？
❶ゲゲゲロード ❷鬼太郎ロード
❸悪魔くんロード
❹水木しげるロード

Q 0842 鳥取県の人口は東京都の人口のおよそどれくらい？
❶5分の1 ❷15分の1
❸22分の1 ❹36分の1

Q 0843 中国地方で一番高く、鳥取県の西部にある「伯耆富士」とよばれる山の名前はなに？
❶大山 ❷三徳山
❸道後山 ❹甲ヶ山

Q 0844 倉吉市に実際にある地名はなに？
❶鼻 ❷耳 ❸目 ❹額

Q 0845 今の鳥取県が舞台になっている神話で、ある動物が皮をはがされる話が出てくる物語はなに？

Q 0846 鳥取市にあるフランスルネッサンス様式の西洋館で、旧鳥取藩主池田仲博侯爵の別邸だった建物は？
❶東山閣 ❷凌雲閣
❸仁風閣 ❹東天閣

全国縦断クイズ その13の答え 0811.q.斎藤茂吉 0812.s.塚原卜伝 0813.r.関孝和 0814vk.渋沢栄一 0815.p.国木田独歩 0816.i.滝廉太郎 0817.n.恩田木工 0818.g.田中角栄 0819.t.豊臣秀吉 0820.o.河村瑞賢 0821.m.井伊直弼 0822.f.行基 0823.e.陸奥宗光 0824.c.森鴎外 0825.d.雪舟 0826.b.正岡子規 0827.l.坂本龍馬 0828.j.福沢諭吉 0829.h.大隈重信 0830.a.西郷隆盛

99

島根県 SHIMANE

中国エリア　島根県

Q 0847 島根県の県庁所在地はどこ？
1 出雲市　2 安来市
3 松江市　4 雲南市

Q 0848 現在の島根県の領域ではない旧国名はなに？
1 石見国　2 周防国
3 出雲国　4 隠岐国

Q 0849 その昔、後鳥羽上皇や後醍醐天皇などが流された場所として知られる島はどこ？

Q 0850 島根県の東部にあり、地盤の陥没によってできた、しじみが多くとれる湖はどこ？
1 蟠竜湖　2 来島ダム湖
3 宍道湖　4 神西湖

Q 0851 大田市には砂の博物館「仁摩サンドミュージアム」があるが、そこに置かれているのは次のどれ？
1 一年計砂時計
2 十年計砂時計
3 百年計砂時計
4 千年計砂時計

Q 0852 1881（明治14）年に島根県の一部分から分立した県はどこ？
1 山口県　2 広島県
3 鳥取県　4 福井県

Q 0853 大国主命をまつる島根県で有名な神社はどこ？

Q 0854 その神社は何の神様として知られる？
1 縁結びと農業の神
2 学問と健康の神
3 商売繁盛の神

答えは次のページにあるよ→

Q 0855 大小約180の島々からなる、島根県の沖合いにある島々を何というか？
❶ 小笠原諸島
❷ 隠岐諸島
❸ 伊豆諸島
❹ 尖閣諸島

Q 0859 松江市八束町の特産物はなに？
❶ そば　❷ ボタン（植物）
❸ 綿布　❹ 木綿糸

Q 0860 島根県を流れる山陰山陽地方で一番長い川「江の川」の別名は？
❶ 中国太郎　❷ 出雲太郎
❸ 陰陽太郎　❹ 松江太郎

Q 0856 島根県には、山陰地方最大級のダムがある。そのダムの名前はなに？
❶ 志津見ダム　❷ 尾原ダム
❸ 来島ダム　❹ 長見ダム

Q 0861 安来節とよばれる民謡に合わせ、ざるを使ったユーモラスな踊りを何というか？

Q 0857 石見地方で生産されている伝統工芸の和紙は何という？
❶ 雲州和紙　❷ 出雲和紙
❸ 石州和紙　❹ 大社和紙

Q 0858 松江市の中海に浮かぶ、八束町の中心部となる島の名前はなに？
❶ 江島　❷ 大根島
❸ 経島　❹ 明島

Q 0862 戦国時代から大正時代まで採掘された場所で、大田市に残る鉱山の名前は？
❶ 石見金山　❷ 石見銀山
❸ 石見銅山

鳥取県の答え　0831.❶島根県　0832.二十世紀なし　県内でとれる二十世紀なしの年間収穫量は、全国の約半分を占めている。　0833.❷千葉県　0834.❶因幡国と❸伯耆国　0835.鳥取砂丘　0836.❷大伴家持　0837.❹山上憶良　0838.❷中江藤樹　0839.❷流しびな　0840.らっきょう　砂丘らっきょうともいう。　0841.❶水木しげるロード　0842.❸22分の1　鳥取県の人口は約58万人、日本一人口が少ない。　0843.❶大山　高さは1729m。　0844.❷耳　0845.因幡の白兎　0846.❸仁風閣

101

中国エリア 岡山県

岡山県 OKAYAMA

Q 0863 倉敷市にある白壁の屋敷や倉敷川沿いの柳並木など、古き情緒を残した街並みのある地域を一般的に何とよんでいるか？
❶ 倉敷美観特区
❷ 岡山旧建築物保存地区
❸ 倉敷美観地区
❹ 岡山美観地域

Q 0864 現在の岡山県の領域ではない旧国名は？
❶ 備前国　❷ 備中国
❸ 備後国　❹ 美作国

Q 0865 日本三名園のひとつとして知られる、岡山市にある庭園の名前はなに？

Q 0866 香川県にある金刀比羅宮と両参り（2つの寺社を一度にお参りすること）で有名な倉敷市にある神社は？
❶ 由加神社　❷ 阿智神社
❸ 熊野神社　❹ 菅生神社

Q 0867 岡山県が収穫量全国2位のマッシュルームは、次のどこの上で栽培すると、よく育つか？
❶ くさった切り株　❷ 馬ふん
❸ 砂　❹ しめった布

Q 0868 岡山名物のおだんごで、「桃太郎」の昔話に出てくるおだんごとは？

Q 0869 笠岡湾（笠岡市）に繁殖する天然記念物はなに？
❶ シーラカンス　❷ ヘイケガニ
❸ カブトガニ　❹ ヨロイウオ

Q 0870 江戸時代に、岡山藩の庶民の子弟のために建てられた学校で、現存する世界最古といわれる庶民学校の名前は？
❶ 藤原学校　❷ 足利学校
❸ 閑谷学校　❹ 備後学校

答えは次のページにあるよ→

Q 0871 岡山市東区に属す離島で、瀬戸内海に浮かぶ有人島の名前はなに？
❶犬島　❷猫島
❸豚島　❹山羊島

Q 0872 倉敷市は昔から繊維産業がさかんだが、日本で初めてこの地で作られた生地はなに？
❶ソフトレザー　❷デニム生地
❸別珍　❹チノクロス

Q 0873 倉敷市の中で、国産ジーンズ発祥のまち、あるいは、国産ジーンズの聖地ともよばれる場所はどこか？
❶栗坂　❷児島
❸二子　❹黒崎

Q 0874 全国一の生産量をほこる、温室で栽培される岡山名産のぶどうの品種はなに？
❶巨峰
❷デラウェア
❸マスカット
❹ピオーネ

Q 0875 岡山県の学生服の生産量は日本で何番目？
❶1番目　❷2番目
❸3番目　❹4番目

Q 0876 岡山市にある西大寺では毎年2月の行事として会陽（西大寺会陽）が有名だが、これはどんなお祭りか？
❶けんか祭り　❷はだか祭り
❸女性だけのみこし祭り
❹飾り馬をひく祭り

Q 0877 岡山県倉敷市と香川県坂出市をむすぶ本州四国連絡橋で、瀬戸中央自動車道、JR備讃線が通っている橋の名前はなに？

Q 0878 備前市周辺を産地とする陶器として備前焼が有名だが、別名は何という？
❶瀬戸焼　❷大谷焼
❸江山焼　❹伊部焼

島根県の答え　0847.❸松江市　0848.❷周防国　0849.隠岐島　0850.❸宍道湖 ここでとれる「大和しじみ」は有名。　0851.❶一年計砂時計　0852.❸鳥取県　0853.出雲大社　0854.❶縁結びと農業の神　0855.❷隠岐諸島　0856.❷尾原ダム　0857.❷石州和紙　0858.❷大根島　0859.❷ボタン（植物）　0860.❶中国太郎 長さ194km。　0861.どじょうすくい　0862.❷石見銀山

中国エリア　広島県

広島県 HIROSHIMA

Q 0879 広島県の旧国名はなに？（答えは2つ）

① 備中国　② 備後国
③ 安芸国　④ 周防国

Q 0883 府中市の伝統産業としてさかんにつくられているものはどれ？
① 甲冑　② タンス
③ 扇子　④ 将棋の駒

Q 0880 広島名産として養殖が行われているものに牡蠣があるが、ではそのブランド名はなに？
① かき小町
② かきえもん
③ 寿かき
④ 的矢かき

Q 0884 尾道市出身者に日本画家の大家・平山郁夫がいる。現在出身地には平山郁夫美術館が建てられているが、その美術館の代表的な展示作品はなに？
① 大唐西域壁画
② 大唐西域壁画の下絵
③ 大唐西域壁画の構想メモ
④ 大唐西域壁画制作スケジュール帳

Q 0881 広島県呉市阿賀町に属する本当にある島の名前は？
① なさけ島　② なさけない島
③ あいじょう島
④ にんじょう島

Q 0885 原爆投下地を示す史跡で、平和への願いをこめて保存されている旧広島県産業奨励館の残がいの名前はなに？

Q 0882 幕末に長州藩と広島藩が討幕のための密約を結んだとされる場所で、呉市の大崎下島に実際にある地名はどれ？
① 休憩所　② 御手洗
③ トイレ　④ 便座

Q 0886 日本棚田百選に選ばれている山県郡安芸太田町にある棚田は何とよばれている？
① 星峠の棚田　② 山吹棚田
③ 井仁の棚田　④ 東後畑棚田

答えは次のページにあるよ→

Q 0887 海中の大鳥居と平家納経で知られる、宮島町にある有名な神社はなに？

Q 0888 宮島町の名物に「〇〇〇まんじゅう」がある。〇〇〇に入る言葉はなに？
① かえで　② もみじ
③ さくら　④ けやき

Q 0889 県の北東部には名勝地として有名な帝釈峡があるが、そこに世界三大天然橋のひとつに数えられる橋がある。その名前は次のどれか？
① 男橋　② 乙女橋
③ 雄橋　④ 女橋

Q 0890 今日では化粧筆として世界的に認められている伝統工芸品はなに？
① 川尻筆　② 熊野筆
③ 豊橋筆　④ 奈良筆

Q 0891 プロ野球・広島カープ設立時の本拠地はどこ？
① 広島総合球場
② 広島市民球場
③ 広島中央公園球場
④ 広島市民公園球場

Q 0892 広島県の伝統工芸品のひとつに、敦高という僧が京都、大阪から製造技術を学んで広めたものがある。それはなにか？
① 線香　② 仏壇
③ 数珠　④ 座禅布団

Q 0893 広島県の南西部にある工業と港湾の都市で、特に大型船の造船所としても有名な場所はどこ？
① 尾道市　② 福山市
③ 呉市
④ 大竹市

Q 0894 広島県では、伝統工芸品として杓子など木製の細工物を生産しているが、それは何とよばれる？
① 広島細工　② 宮島細工
③ 安芸細工　④ 広島小物

岡山県の答え　0863.③倉敷美観地区　0864.③備後国 現在の広島県東部。　0865.後楽園　0866.①由加神社　0867.馬ふん　0868.きびだんご　0869.③カブトガニ 「生きた化石」とよばれている。　0870.③閑谷学校 備前市にある。　0871.①犬島　0872.②デニム生地　0873.②児島　0874.③マスカット 全国の90％以上を占めている。　0875.①1番目　0876.②はだか祭り　0877.瀬戸大橋　0878.④伊部焼 伊部地区で盛んであることから。

中国エリア　山口県

山口県 YAMAGUCHI

Q0895 山口県の旧国名はなに？（答えは2つ）
① 讃岐国　② 筑前国
③ 周防国　④ 長門国

Q0896 なべ料理やさしみ、から揚げなどにして食べる下関名物の魚とはなに？

Q0897 山陽小野田市に本当にある町名はなに？
① ねんど町
② コンクリート町
③ セメント町
④ アスファルト町

Q0898 山口県が生んだ幕末の偉人、吉田松陰の幼年時代の名前はどれ？
① 虎之助　② 大五郎
③ 七兵衛　④ 島次郎

Q0899 日本最大の石灰岩でできたカルスト台地で、地下にある鍾乳洞とともに特別天然記念物に指定されているところはどこ？

Q0900 周防国の守護大名で、一時は北九州や安芸国をも平定するほどの勢力をもった戦国武将はだれ？
① 大友義鑑　② 大内義隆
③ 山中鹿之助　④ 毛利元就

Q0901 大内村（現山口市大内地区）出身で、日産コンツェルンの創始者といえばだれ？
① 岩崎弥太郎　② 鮎川義介
③ 白洲次郎　④ 渋沢栄一

Q0902 源平最後の決戦である壇之浦の戦いで、源氏の総大将だったのはだれ？
① 木曾義仲　② 源頼朝
③ 那須与一　④ 源義経

答えは次のページにあるよ→

Q 0903 日本海沿岸にあり、吉田松陰の出身地としても知られ、今でも武家屋敷跡などが残る地方都市はどこ？
① 山口市　② 萩市
③ 下関市　④ 長門市

Q 0907 その昔、宮本武蔵と佐々木小次郎の決闘が行われた巌流島の正式な名前はなに？
① 浮島　② 船島
③ 笠戸島　④ 八島

Q 0904 日本の三天神のひとつで、学問の神様としてうやまう菅原道真を祀った松崎町にある「日本最初の天満宮」の名前はなに？
① 北野天満宮　② 小平潟天満宮
③ 大宰府天満宮　④ 防府天満宮

Q 0908 その決闘はいつのこと？
① 1582（天正10）年
② 1600（慶長5）年
③ 1612（慶長17）年
④ 1858（安政5）年

Q 0905 山口県は内閣総理大臣（首相）を日本一多く輩出してきた県と言われているが、今までに何人の首相を出している？
① 7人　② 8人
③ 9人　④ 10人

Q 0909 下関市と福岡県北九州市の間にあり、そこを結ぶ鉄道の海底トンネルや橋がある海峡はなに？
① 大隅海峡
② 明石海峡
③ 関門海峡
④ 紀淡海峡

Q 0906 日本三奇橋のひとつで、岩国市にある橋げたがない木の橋の名前はなに？
① 長柄橋　② 錦帯橋
③ 元安橋　④ かずら橋

Q 0910 長門市の北にある日本海に浮かぶ島で、鯨墓（向岸寺）やその近くに「くじらの資料館」がある島の名前はなに？
① 大津島　② 青海島
③ 巌流島　④ 鍋島

広島県の答え　0879.② 備後国と③ 安芸国　0880.① かき小町　0881.① なさけ島「情島」と書く。
0882.② 御手洗「みたらい」と読む。0883.② タンス　0884.② 大唐西域壁画の下絵　0885.原爆ドーム
0886.③ 井仁の棚田　0887.厳島神社　0888.② もみじ　0889.③ 雄橋　0890.② 熊野筆　0891.① 広島総合球場　0892.② 仏壇 広島仏壇という。0893.③ 呉市　0894.② 宮島細工

107

エリア別 中国エリア

エリア別クイズ 中国エリア

Q 0915 鳥取、島根、広島の3県にまたがる地域に比婆道後帝釈国定公園がある。このなかには、須佐之男命が八岐大蛇を退治して草薙剣をえた地と伝えられる山があるが、その山の名前はなにか？
① 安蔵寺山　② 焼火山
③ 船通山

Q 0911 中国地方の広さは北海道と比べた場合、どの程度の広さ？
① 約60％の広さ
② 約半分の広さ
③ 約40％の広さ

Q 0916 その神話をつたえている現存するわが国で最古の歴史書はなに？
① 竹取物語　② 古事記
③ 日本書紀

Q 0912 中国地方で最も人口の多い県はどこ？
① 広島県　② 岡山県
③ 山口県

Q 0917 この国定公園にある帝釈川の谷には、旧石器・縄文・弥生時代の遺跡が多く分布しているが、この遺跡群を何という？
① 帝釈峡遺跡群
② 帝釈川遺跡群
③ 比婆道後遺跡群

Q 0913 中国地方で最も面積の広い県はどこ？
① 岡山県　② 広島県
③ 島根県

Q 0914 兵庫県北西部から山口県まで広がる山地をなんという？
① 兵庫山地　② 山口山地
③ 中国山地

Q 0918 岡山駅から山口県の下関駅までを運行する列車があり、この列車は日本一長距離を運行する定期普通列車とされている。その距離はどのくらい？
① 約250km　② 約300km
③ 約380km

答えは次のページにあるよ→

Q 0919 鳥取、島根、岡山の3県にまたがる地域に大山隠岐国立公園がある。その公園のなかの島根半島の岬に立つ灯台は、石作りの灯台としては日本一の高さをほこっている。その灯台の名前はなに？
① 観音埼灯台　② 白州灯台
③ 出雲日御碕灯台

Q 0922 京都駅から山口県下関市の幡生駅までをむすぶ鉄道路線として山陰本線があるが、この路線はあることで日本一である。なにが日本一か？
① 日本一古い鉄道路線
② 日本一長い鉄道路線
③ 日本一乗降客の少ない鉄道路線

Q 0920 その公園のなかにあり、島根半島東端の地名で、その昔、海辺に関所が置かれ、朝鮮との交易や隠岐への渡航地となった。この関所の名前はなに？
① 新居関　② 三保関
③ 碓氷関

Q 0923 兵庫・鳥取・岡山の3県にまたがる山岳を中心とした地域に氷ノ山後山那岐山国定公園があるが、この山岳地帯はある動物が住んでいることで有名だが、その動物とはなに？
① パンダ　② ツキノワグマ
③ アライグマ

Q 0921 その公園のなかの隠岐諸島で最も北にある白島は、地面に掘った穴や岩の隙間などに巣をつくって住むある動物の繁殖地として有名だが、その動物とはなに？
① オジロワシ
② オオミズナギドリ
③ モンゴルカモメ

Q 0924 広島、島根、山口の3県にまたがる地域に西中国山地国定公園がある。このなかの臥竜山はある原生林があることで有名だが、それはなんの原生林か？
① ヒノキの原生林
② ブナの原生林
③ スギの原生林

山口県の答え　0895. ③ 周防国と ④ 長門国　0896. ふぐ　0897. ③ セメント町　0898. ① 虎之助　0899. 秋吉台　0900. ② 大内義隆　0901. ② 鮎川義介　0902. ④ 源 義経　0903. ② 萩市　0904. ④ 防府天満宮　0905. ③ 9人　伊藤博文、山県有朋、桂 太郎、寺内正毅、田中義一、岸 信介、佐藤栄作、安倍晋三、菅 直人（山口県生まれ）　0906. ② 錦帯橋　0907. ② 船島　0908. ③ 1612（慶長17）年　宮本武蔵が勝利した。　0909. ③ 関門海峡　0910. ② 青海島

109

香川県 KAGAWA

四国エリア　香川県

Q 0925 香川県の特徴をあげるとすれば、正しいのはどれ？
① 日本一温泉の数が多い
② 日本一川が多い
③ 日本一面積が小さい
④ 日本一人口密度が高い

Q 0929 観音寺市の有名なお祭りといえばなに？
① 銭形まつり
② 豊浜ちょうさ祭り
③ 粟井あじさい祭り
④ 祇園祭り

Q 0926 香川県には日本三大水城のひとつに数えられるお城があるが、それはなに？
① 高松城　② 黒羽城
③ 石田城　④ 六車城

Q 0930 丸亀市で全国の約90％を作っているものはなに？
① すずり箱　② 水鉄砲
③ うちわ　　④ 風鈴

Q 0927 観音寺市八幡町にある「観音寺」の名前の由来は、807（大同2）年に神宮寺（今の観音寺）に聖観音像が安置されたことにはじまる。さて、安置した人はだれ？
① 行基　　　② 空海
③ 蜂須賀家政　④ 親鸞

Q 0931 「讃岐のこんぴらさん」の名で親しまれる、琴平町象頭山にある神社の名前はなに？

Q 0928 香川県の名物のうどんは何という？

Q 0932 その神社は、何の守り神？
① 安産　　　② 商売繁盛
③ 海上安全　④ 無病息災

答えは次のページにあるよ→

Q 0933 小豆郡土庄町にはギネスブック認定の世界一幅の狭い海峡「土渕海峡」がある。この海峡の最狭幅はどのくらい？
① 約10m ② 約20m
③ 約30m ④ 約40m

Q 0937 香川県北東部、瀬戸内海に浮かぶ島・小豆島で、食用油にも使われる特産物はなに？
① オリーブ
② ひまわり
③ セイヨウアブラナ
④ ごま

Q 0934 香川県の中西部にある日本一大きなため池の名前はなに？
① 末谷池 ② 大町大池
③ 満濃池 ④ 天満大池

Q 0938 善通寺市にある善通寺（四国八十八箇所のひとつ）は誰の生誕地か？
① 善通 ② 道元
③ 空海 ④ 道海

Q 0935 香川県には、そうめんの日本三大産地に数えられる場所があるが、そこはどこか？
① 小与島 ② 女木島
③ 粟島 ④ 小豆島

Q 0939 香川県の琴平町には現存する日本最古の芝居小屋「金丸座（旧金毘羅大芝居）」があるが、これは今からおよそ何年前に建てられた？
① 80年前 ② 20年前
③ 180年前 ④ 250年前

Q 0936 県東端の引田（現東かがわ市）では、日本で初めてある魚の養殖が行われた。その魚とはなに？
① ブリ ② ハマチ
③ サンマ ④ マグロ

Q 0940 四国の最も北にある岬の名前はなに？
① 竹田観音岬 ② 竹下観音岬
③ 竹居観音岬 ④ 竹中観音岬

中国エリアの答え　0911.❸ 約40％の広さ　中国地方の面積は31,913km²、北海道は78,417km²。0912.❶ 広島県 約288万人。0913.❷ 広島県 8477km²　0914.❸ 中国山地　0915.❸ 船通山　0916.❷ 古事記　0917.❶ 帝釈峡遺跡群　0918.❸ 約380km　山陽本線、384.7km。0919.❸ 出雲日御碕燈台 地上からの灯台の最上部まで43.65m。0920.❷ 三保関 現在の美保関。0921.❷ オオミズナギドリ　0922.❷ 日本一長い鉄道路線 673.8km（支線含まず）。0923.❷ ツキノワグマ　0924.❷ ブナの原生林

愛媛県 EHIME

四国エリア 愛媛県

Q 0941 県内で真珠の養殖で全国的に有名な市はどこ？
① 八幡浜市　② 伊予市
③ 大洲市　　④ 宇和島市

Q 0942 温暖な気候を生かして、日当たりのよい斜面で栽培される愛媛県を代表する果物はなに？

Q 0943 愛媛県の旧国名はなに？
① 讃岐国　② 筑前国
③ 筑後国　④ 伊予国

Q 0944 松山市の国津比古命神社で行われるお祭りは神輿を石段の最上段から投げ落とす「あばれ神輿」が有名だが、このお祭りの名前は何という？
① 桜門落とし祭り
② 風早の火事祭り
③ 伊予八反地
④ 真名井の喧嘩祭り

Q 0945 松山市の西龍寺にある墓には有名な盗賊が永眠しているが、その盗賊とはだれ？
① 石川五右衛門　② 日本左衛門
③ 鼠小僧　　　　④ 蜂須賀正勝

Q 0946 日本三大水城のひとつに数えられる今治城を築城した人物はだれ？
① 加藤清正　② 松平定勝
③ 藤堂高虎　④ 福島正則

Q 0947 松山市にある日本最古の温泉のひとつで、聖徳太子が入浴したと伝えられる温泉の名前はなに？
① 道後温泉
② 指宿温泉
③ 寒の地獄温泉
④ 草津温泉

Q 0948 西条市と久万高原町の境界に位置する地域に西日本で最も高い山がある。その山の名前はなに？
① 赤星山　② 石墨山
③ 伊吹山　④ 石鎚山

112

答えは次のページにあるよ→

Q 0949 西予市にある日本三大カルストのひとつに数えられるカルスト台地の名前はなに？
1. 伊予カルスト
2. 愛媛カルスト
3. 四国カルスト
4. 西予カルスト

Q 0950 そのカルストは伝説に由来するよび方があるが、それはなに？
1. 巨人の手形跡
2. 巨人の台座
3. 巨人の足跡
4. 巨人の座跡

Q 0951 宇和島市に実際にある市営の施設はどれか？
1. 市営闘犬場
2. 市営闘牛場
3. 市営闘鶏場
4. 市営闘熊場

Q 0952 瀬戸内海で栽培漁業としても育てられ、昔からお祝いの席に出されることが多い魚はなに？
1. イワシ
2. サバ
3. マダイ
4. コイ

Q 0953 愛媛県には、島はいくつある？
1. 80
2. 120
3. 200
4. 270

Q 0954 日本一のタオル生産量をほこる県内の地方都市はどこ？
1. 今治市
2. 松山市
3. 西条市
4. 四国中央市

Q 0955 豊後水道で、養殖業がさかんで全国有数のタイやブリの生産量をほこる愛媛県側の海の名前はなに？
1. オホーツク海
2. 宇和海
3. 瀬戸内海
4. 若狭湾

Q 0956 愛媛県はいよかんの生産地としても有名だが、この果物は元々日本原産で、どこの産物だったか？
1. 香川県琴平町
2. 山口県萩市
3. 大分県日出町
4. 広島県世羅町

香川県の答え　0925.③日本一面積が小さい 1876.47km²、北海道と比べると約44分の1しかない。0926.①高松城　0927.②空海　0928.讃岐うどん　0929.②豊浜ちょうさ祭り　0930.③うちわ　0931.金刀比羅宮　0932.②海上安全　0933.①約10m　0934.②満濃池　0935.④小豆島 小豆島そうめん。0936.②ハマチ　0937.①オリーブ　0938.③空海 弘法大師。0939.③180年前 1835（天保6）年建設。0940.③竹居観音岬 高松市。

113

徳島県 TOKUSHIMA

四国エリア 徳島県

Q0957 安土桃山時代から江戸時代まで約300年間徳島をおさめたのは蜂須賀家であるが、その徳島藩の初代藩主の名前はなに？
① 家信 ② 家政
③ 家康 ④ 家定

Q0958 徳島県特産のサツマイモのブランド名は次のうちのどれ？
① うずしお金時 ② なると金時
③ あわ金時 ④ とくしま金時

Q0959 徳島県那賀町海川では、2004年8月1日に一日あたりの降水量で日本一を記録しているが、その降水量はどのくらいか？
① 233mm/日 ② 976mm/日
③ 1317mm/日 ④ 1856mm/日

Q0960 毎年5月から9月ごろまでにかけて大浜海岸（美波町）に卵を産みにくる動物はなに？

Q0961 徳島県内の鉄道路線には電車は走っていない。では、代わりに走っているのはなに？
① 蒸気機関車 ② 気動車
③ 木炭車 ④ バス

Q0962 全国のシェア98％を占める徳島県を代表する特産の柑橘類といえばなに？
① グレープフルーツ
② ナツミカン
③ 酢橘 ④ ユズ

Q0963 潮の流れが速い鳴門海峡の名物（自然現象）はなに？
① 高波 ② 竜巻 ③ うず潮
④ トビウオが群れでジャンプする

Q0964 徳島県特産の鶏のブランド名は「阿波○○」というが、○○に入る言葉はなに？
① 地鶏 ② コーチン
③ 雄鶏 ④ 尾鶏

答えは次のページにあるよ→

Q0965 鳴門海峡の潮流にもまれ育ち、美味で知られる徳島県特産の海藻類は次のどれ？
① コブ　② ワカメ　③ 海ぶどう　④ モズク

Q0966 平家の落人伝説が残されている、三好市にある吊り橋の名前はなに？
① 池田のかずら橋
② 谷瀬の吊り橋
③ 祖谷のかずら橋
④ 玉手橋

Q0967 徳島市が本場で、盆に急調の囃子に合わせて踊り狂う踊りを何という？
① さんさ踊り
② すずめ踊り
③ 阿波踊り
④ 龍踊り

Q0968 四国三郎の名で地元の人々に親しまれている徳島県の代表的な川の名前はなに？
① 海部川　② 正法寺川
③ 吉野川　④ 那賀川

Q0969 徳島県の旧国名はなに？

Q0970 吉野川の激流に岩がけずられてできた場所で、切り立つ崖と奇岩・怪岩で有名な渓谷を何という？
① おおほら吹き・こほら吹き
② おおばか・こばか
③ おおぼけ・こぼけ
④ おおぼね・こぼね

Q0971 四国にある弘法大師の霊場88所を巡拝する「四国八十八か所めぐり」は有名であるが、では、その第一番札所で、「一番さん」とよばれるお寺はどこ？
① 極楽寺　② 地蔵寺
③ 霊山寺
④ 法輪寺

Q0972 徳島県は畜産ではブロイラーの飼育がさかん。その飼育数は全国有数である。ブロイラーとは食肉専用のある動物のことだが、それはなに？
① 鶏　② 牛　③ 豚　④ 猪

愛媛県の答え　0941.④ 宇和島市　0942.みかん　正式には「温州みかん」。0943.④ 伊予国　0944.② 風早の火事祭り　北条祭りともいわれる。0945.③ 鼠小僧　0946.③ 藤堂高虎　0947.① 道後温泉　0948.④ 石鎚山　高さ1982m。0949.③ 四国カルスト　0950.③ 巨人の足跡　0951.② 市営闘牛場　0952.③ マダイ　0953.④ 270　0954.① 今治市　0955.② 宇和海　0956.② 山口県萩市

高知県 KOUCHI

四国エリア 高知県

Q 0973 現存の高知城を築城したのはだれ？
1. 大高坂松王丸
2. 長宗我部元親
3. 福島正則
4. 山内一豊

Q 0974 鹿児島県とともに全国有数のある野菜の生産地となっているが、その野菜とはなに？
1. そらまめ
2. オクラ
3. さやえんどう
4. キャベツ

Q 0975 ビニールハウスで早作りされている、高知県が生産量日本一をほこる野菜はなに？
1. ナス
2. キュウリ
3. ネギ
4. キャベツ

Q 0976 高知県原産で、国の特別天然記念物に指定されている生き物はなに？
1. テナガエビ
2. オナガドリ
3. ウシガエル
4. アライグマ

Q 0977 四国一長い川で、日本最後の清流として知られている川の名前はなに？
1. 吉野川
2. 穴吹川
3. 四万十川
4. 宇治川

Q 0978 その川で行われる独特なあゆ漁とはなにか？
1. いぶり漁
2. 火ぶり漁
3. ふかし漁
4. いため漁

Q 0979 日本三大鍾乳洞のひとつが香美市にある。その鍾乳洞の名前はなに？
1. 鬼ヶ島洞窟
2. 青龍窟
3. 大正洞
4. 龍河洞

Q 0980 1934（昭和9）年9月に高知県に上陸。西日本を中心に大きな被害を及ぼした、昭和の三大台風のひとつに数えられる台風の名前はなに？
1. 伊勢湾台風
2. 室戸台風
3. 枕崎台風

116

答えは次のページにあるよ→

Q0981 土佐出身者に、幕末から明治期にかけて、自らの海外経験をもとに、幕府の外国との交渉等に、翻訳や通訳を通じて活躍したジョン万次郎がいるが、彼の本当の名前はなに？
① 小浜万次郎　② 大浜万次郎
③ 中浜万次郎　④ 長浜万次郎

Q0985 高知県特産の伝統的工芸品の和紙を何というか？
① 高知和紙　② 坂本和紙
③ 土佐和紙　④ 山内和紙

Q0982 足摺岬沖で伝統的な一本釣り漁法でとる高知名物の魚はなに？
① エビ　② ハゼ
③ エイ
④ カツオ

Q0986 高知県沖を流れる海流はなにか？
① 黒潮　② 親潮
③ 赤潮　④ 渦潮

Q0983 高知県で生まれた幕末の志士で、海援隊の隊長を務めた人物はだれ？
① 武市瑞山　② 坂本龍馬
③ 中岡慎太郎　④ 後藤象二郎

Q0987 毎年8月に行われる高知市を代表するお祭りで、今では全国各地に広まった。そのお祭りとはなに？

Q0984 県西北部の山間部で昔から飼われており、国の天然記念物に指定された鶏種はなに？
① 唐丸　② 東天紅
③ 声良鶏　④ 豊のしゃも

Q0988 全国生産量の約4割を占める露地栽培中心の野菜はなに？
① ちんげんさい
② ほうれんそう
③ かぶ
④ しょうが

徳島県の答え　0957.② 家政　0958.② なると金時　0959.③ 1317mm/日　日本の年間平均降水量は1718mm。　0960.ウミガメ　0961.② 気動車　0962.② 酢橘　0963.③ うず潮　0964.② 尾鶏　阿波尾鶏は日本三大地鶏のひとつ。　0965.② ワカメ　鳴門ワカメ。　0966.③ 祖谷のかずら橋　日本三奇橋のひとつ。　0967.③ 阿波踊り　0968.③ 吉野川　0969.阿波国　0970.② おおぼけ・こぼけ　漢字で書くと「大歩危・小歩危」。　0971.② 霊山寺　鳴門市にある。　0972.① 鶏　若鶏。

エリア別　四国エリア

エリア別クイズ
四国エリア

Q 0993 愛媛県をはじめ、岡山県、広島県など瀬戸内海沿岸地域に広く伝わる郷土料理はなに？
❶ほうとう　❷たいそうめん
❸いとこ煮

Q 0989 四国地方で最も人口の多い県はどこ？
❶香川県　❷高知県
❸愛媛県

Q 0990 全国各地域のなかで四国地方で最も多くとれる果物は次のうちのどれ？
❶りんご　❷ぶどう
❸キウイフルーツ

Q 0994 西日本で最も高い石鎚山を源流としている川の名前はなに？
❶芦田川　❷伊予川
❸仁淀川

Q 0991 全国各地域のなかで四国地方で最も多くとれる野菜は次のうちのどれ？
❶ごぼう　❷しょうが
❸かぶ

Q 0995 四国で2番目に高い山はなに？
❶剣山　❷大毛山
❸古田山

Q 0992 四国の中央部を東西に横たわっている山地はなに？
❶愛媛山地　❷四国山地
❸香川山地

Q 0996 その山を源流として流れる徳島県で最も長い川の名前はなに？
❶銅山川　❷広見川
❸那賀川

答えは次のページにあるよ→

Q 0997 四国の面積は北海道と比べるとどのくらいか？
① 約2分の1　② 約3分の1
③ 約4分の1

Q 1000 四国南西端の海岸部を主とした地域に足摺宇和海国立公園があるが、そのなかに10世紀に当時の朝廷に対して起こした反乱の首謀者の本拠地がある。それはどこか？
① 岩城島　② 日振島
③ 豊島

Q 1001 瀬戸内海と讃岐山脈に挟まれた平野をなんという？
① 讃岐平野　② 香川平野
③ 道後平野

Q 0998 香川県と徳島県の間を東西に走る山脈をなんという？
① 鈴鹿山脈　② 高知山脈
③ 讃岐山脈

Q 0999 四国の剣山や石鎚山地に住むオオダイガハラサンショウウオの別名はなに？
① ツルギサンショウウオ
② イシヅチサンショウウオ
③ シコクサンショウウオ

Q 1002 四国地方を統一した戦国武将はだれ？
① 大友義鎮
② 長宗我部国親
③ 長宗我部元親

高知県の答え　0973.④山内一豊　0974.②オクラ　0975.①ナス　0976.②オナガドリ　0977.③四万十川 長さは196km。　0978.②火ぶり漁　0979.④龍河洞　0980.②室戸台風　室戸岬付近に上陸したことから名づけられた。　0981.②中浜万次郎　0982.④カツオ　0983.②坂本龍馬　0984.②東天紅　0985.③土佐和紙　0986.①黒潮　0987.よさこい祭　0988.④しょうが

119

全国縦断クイズ　その14
歴史上の事件・出来事クイズ

古代から近世までの歴史上の事件・出来事の場所を知ろう！

Q 1003
①北海道　江戸時代前期、この地を支配した松前藩に対してアイヌの首長シャクシャインが起こした反乱はなに？

Q 1004
②宮城県
江戸時代のはじめのころに起きた仙台藩のお家騒動はなに？

Q 1005
③福島県
明治新政府軍と、これに抵抗する奥羽越列藩同盟の中心となった藩との戦いはなに？

Q 1006
④東京都
江戸時代の末期、大老の井伊直弼が、水戸・薩摩の浪士らに暗殺された事件とはなに？

Q 1007
⑤神奈川県　江戸時代の末期、薩摩藩の島津久光一行が江戸からの帰途、馬に乗ったまま行列を横切った英国人4人を殺した事件とはなに？

Q 1008
⑥長野県
戦国時代の末期、武田信玄と上杉謙信が数度にわたって争った戦いとは？

Q 1009
⑦新潟県　明治新政府軍が越後（現新潟県）の旧幕府軍の平定などのために小千谷（現新潟県小千谷市）を占領するための戦いとは？

Q 1010
⑧石川県
室町時代、加賀国の守護富樫成春を加賀の一向宗門徒の僧侶や農民らが倒した一揆とはなに？

Q 1011
⑨福井県
1573年、織田信長と越前国（現福井県）の守護朝倉義景の間で行なわれた戦いはなに？

Q 1012
⑩愛知県
1560年、織田信長の領内にある桶狭間に陣取った今川義元を、信長が奇襲して破った戦いはなに？

120

答えはここから選ぼう！

答えは次のページにあるよ→

- a. 桶狭間の戦い
- b. 関ヶ原の戦い
- c. 本能寺の変
- d. 加賀の一向一揆
- e. 平城京
- f. 桜田門外の変
- g. 壬申の乱
- h. 播磨の国一揆
- i. 薩英戦争
- j. 生麦事件
- k. 日本二十六聖人
- l. 一乗谷城の戦い
- m. 紀州征伐
- n. 下関戦争
- o. 川中島の戦い
- p. 大塩平八郎の乱
- q. 伊達騒動
- r. シャクシャインの戦い
- s. 会津戦争
- t. 北越戦争

Q1013 ⑪岐阜県　1600年、関ヶ原で、石田三成と徳川家康とが天下を争った戦いとはなに？

Q1014 ⑫滋賀県　627年、天智天皇の弟大海人皇子と天皇の子の大友皇子が皇位継承をめぐって起こした内乱とはなに？

Q1015 ⑬京都府　1582年、明智光秀が織田信長に反逆して、信長を襲って自害させた事件はなに？

Q1016 ⑭大阪府　江戸時代の後期、大坂で飢餓にあえぐ人々を救うため挙兵した反乱とはなに？

Q1017 ⑮奈良県　唐の都長安をモデルとした奈良時代の都はなに？

Q1018 ⑯和歌山県　織田信長・羽柴秀吉（のちの豊臣秀吉）による紀伊への侵攻のことをなんという？

Q1019 ⑰兵庫県　室町時代、播磨国（現兵庫県南部）の守護赤松満祐に対して政治的要求のために起こした一揆はなにか？

Q1020 ⑱山口県　幕末に長州藩と、イギリス、フランス、オランダ、アメリカの列強四国との間に起きた戦争をなんという？

Q1021 ⑲長崎県　1597年、豊臣秀吉の命令によって長崎で殉教したキリスト教信者たちのことをなんという？

Q1022 ⑳鹿児島県　1863年、鹿児島でイギリス東洋艦隊と薩摩藩との間で行われた戦争のことをなんという？

四国エリアの答え　0989.❸愛媛県　約139万人。　0990.❸キウイフルーツ　0991.❷しょうが　0992.❷四国山地　0993.❶たいそうめん　0994.❸仁淀川　0995.❶剣山 高さ1955m。　0996.❸那賀川　0997.❸約4分の1 四国は18,802km²で、北海道の広さの約24%。　0998.❶讃岐山脈　0999.❷イシヅチサンショウウオ　1000.❷日振島 承平・天慶の乱（935～940）の首領・藤原純友の本拠地。　1001.❶讃岐平野　1002.❸長宗我部元親

全国縦断クイズ その15
近現代の事件・出来事クイズ

各都道府県にまつわる事件や出来事を当ててみよう！

Q1023 ①北海道 福田康夫首相（当時）がホストとなった、2008年7月7日から9日まで開催されたサミットはなに？

Q1024 ②青森県 明治時代に起きた事件で、日本の陸軍の山での冬季訓練中に多くの死者をだした事件とはなに？

Q1025 ③茨城県 1985（昭和60）年に関東地方で開催された博覧会はなに？

Q1026 ④栃木県 明治時代に渡良瀬川周辺で起きた公害事件とはなに？

Q1027 ⑤群馬県 1985（昭和60）年8月にジャンボジェット機が御巣鷹山の尾根に墜落した事故はなに？

Q1028 ⑥東京都 1964（昭和39）年に関東地方で開催された国際競技大会はなに？

Q1029 ⑦長野県 1998（平成10）年に甲信越地方で開催された国際競技大会はなに？

Q1030 ⑧新潟県 2004（平成16）年10月に甲信越地方で起きた大きな地震はなに？

Q1031 ⑨愛知県 2005（平成17）年に東海地方で開催された万国博覧会はなに？

Q1032 ⑩石川県 2007（平成19）年3月に、輪島市沖の海底活断層によってもたらされた大きな地震はなに？

答えは次のページにあるよ→

Q1037 ⑮広島県 太平洋戦争末期の1945(昭和20)年8月6日に起きたことはなに?

Q1038 ⑯山口県 明治時代初期にこの地で不平士族が起こした反乱はなに?

Q1033 ⑪滋賀県 明治時代に起きたロシア皇太子襲撃事件はなに?

Q1039 ⑰福岡県 明治時代初期にこの地で不平士族が起こした反乱はなに?

Q1034 ⑫京都府 1997(平成9)年に開催された地球温暖化防止に関する国際会議とは?

Q1040 ⑱熊本県 明治時代初期にこの地で不平士族が起こした反乱はなに?

Q1035 ⑬大阪府 1970(昭和45)年に大阪市で開催された万国博覧会とはなに?

Q1041 ⑲長崎県 太平洋戦争末期の1945(昭和20)年8月9日に起きたことはなに?

Q1036 ⑭兵庫県 2005(平成17)年4月に起きた鉄道の大事故はなに?

Q1042 ⑳沖縄県 1975(昭和50)年から76年まで、世界で初めて開催された国際海洋博覧会とは?

答えはここから選ぼう!

- a. 神風連の乱
- b. 萩の乱
- c. 秋月の乱
- d. 広島市への原子爆弾投下
- e. 長崎市への原子爆弾投下
- f. 日本万国博覧会
- g. 国際科学技術博覧会
- h. 愛知万博
- i. 洞爺湖サミット
- j. 東京オリンピック
- k. 大津事件
- l. 八甲田雪中行軍遭難事件
- m. 第3回気候変動枠組条約締約国会議
- n. 秩父事件
- o. 沖縄国際海洋博覧会
- p. 日本航空123便墜落事故
- q. 足尾鉱毒事件
- r. 長野オリンピック
- s. 新潟県中越地震
- t. JR福知山線脱線事故
- u. 能登半島地震

全国縦断クイズ その14の答え 1003. r.シャクシャインの戦い 1004. q.伊達騒動 1005. s.会津戦争 1006. f.桜田門外の変 1007. j.生麦事件 1008. o.川中島の戦い 1009. t.北越戦争 1010. d.加賀の一向一揆 1011. l.一乗谷城の戦い 1012. a.桶狭間の戦い 1013. b.関ヶ原の戦い 1014. g.壬申の乱 1015. c.本能寺の変 1016. p.大塩平八郎の乱 1017. e.平城京 1018. m.紀州征伐 1019. h.播磨の国一揆 1020. n.下関戦争 1021. k.日本二十六聖人 1022. i.薩英戦争

123

九州・沖縄エリア　福岡県

福岡県 FUKUOKA

Q1043 毎年1月に太宰府市の太宰府天満宮で行われる伝統行事はなに？
① 玉競り　② 十日恵比須
③ うそかえ・鬼すべ
④ 曲水の宴

Q1044 福岡市で、さまざまな衣装に身をつつんだ人々がにぎやかに町をねり歩く、毎年5月3、4日に行われるお祭りはなに？
① わっしょい百万夏祭り
② 博多どんたく
③ 博多おくんち
④ おしろい祭り

Q1045 現在の福岡県の領域ではない旧国名はどれ？
① 筑前国　② 筑後国
③ 豊前国　④ 肥前国

Q1046 太宰府市にある「太宰府天満宮」に祀られているのはだれか？

Q1047 博多名物の一つとして全国的に知られ、海外にも盛んに輸出されている土人形はなに？

Q1048 飯塚市が認定されている特区の名称はなに？
① 環境・リサイクル経済特区
② アジアIT特区
③ 広域拠点企業立地促進特区
④ 地域通貨特区

Q1049 飯塚市で開催される国際大会は、あるスポーツ種目で世界4大大会のひとつにあげられているが、その種目とはなに？
① 車いすマラソン
② 車いすテニス
③ 車いすビリヤード
④ クレー射撃

Q1050 福岡県の伝統工芸で、日本三大絣のひとつに数えられる織物に「○○○絣」があるが、○○○に入る地名はなに？
① 大牟田　② みやま
③ 久留米　④ 筑紫野

答えは次のページにあるよ→

Q 1051 江戸時代、博多湾の入り口にある志賀島で農民が発見した、日本と中国の関係を知ることができるものはなに？

Q 1055 北九州市で世界最初の海底鉄道トンネル「○○鉄道トンネル」が開通したが、○○に入る言葉はなに？
❶馬関　❷大関
❸大門　❹関門

Q 1056 明治時代、現在の北九州市に、日本ではじめてつくられた近代的製鉄所の名前はなに？
❶釜石製鉄所
❷君津製鉄所
❸八幡製鉄所
❹加古川製鉄所

Q 1052 奈良時代、九州地方の統治と外交や防衛のために、福岡の地に置かれた役所の名前はなに？

Q 1053 福岡県特産の日本三大ねぎのひとつはなに？

Q 1057 北九州市小倉で、日本で初めて行われたレースとは何のレース？
❶競馬　　❷競輪
❸自動車　❹オートバイ

Q 1054 現在の北九州市出身で、ノンフィクションから歴史・推理小説、古代史にもくわしい小説家はだれ？
❶佐木隆三　❷松本清張
❸左方郁子　❹火野葦平

Q 1058 鉄道駅で初めての国の重要文化財になった九州で一番古い駅の名前はなに？
❶JR久留米駅　❷JR門司港駅
❸JR有田駅　　❹JR東郷駅

全国縦断クイズ その15の答え　1023. i.洞爺湖サミット　1024. l.八甲田雪中行軍遭難事件　1025. g.国際科学技術博覧会　1026. q.足尾鉱毒事件　1027. p.日本航空123便墜落事故　1028. j.東京オリンピック　1029. r.長野オリンピック　1030. s.新潟県中越地震　1031. h.愛知万博　1032. u.能登半島地震　1033. k.大津事件　1034. m.第3回気候変動枠組条約締約国会議　1035. f.日本万国博覧会　1036. t.JR福知山線脱線事故　1037. d.広島市への原子爆弾投下　1038. b.萩の乱　1039. c.秋月の乱　1040. a.神風連の乱　1041. e.長崎市への原子爆弾投下　1042. o.沖縄国際海洋博覧会

大分県 OITA

九州・沖縄エリア 大分県

Q1059 大分県の旧国名は？（答えは2つ）
① 豊前国　② 豊後国
③ 肥前国　④ 筑後国

Q1060 大分県で日本一の生産量をほこる、料理によく使われる特産のキノコはなに？
① 乾しいたけ
② マイタケ
③ エリンギ
④ シメジ

Q1061 鎌倉時代からこの地域に勢力を伸ばした一族はなに？
① 蘇我氏　② 日下部氏
③ 大友氏　④ 毛利氏

Q1062 別府温泉の地底からふき出る8つの湯をめぐることを「○○めぐり」というが、○○に入る言葉はなに？
① 極楽　② 地獄
③ 古湯　④ 別々

Q1063 約2900もの源泉がある、日本一の温泉数をほこる大分県の有名な温泉地はどこ？
① 道後温泉　② 草津温泉
③ 別府温泉　④ 鉛温泉

Q1064 九重町にある八丁原発電所の発電源はなに？
① 風力　② 水力
③ 原子力　④ 地熱

Q1065 豊後大野市にある、平安時代末期から鎌倉時代初期にかけて建立されたとされる一の宮社、二の宮社、三の宮社。これらの神社を総称して何という？
① 三宮神社　② 参天神社
③ 緒方三社　④ 三皇神社

Q1066 セメントに使われる、大分県で採掘量が日本一の材料は？
① 粘土　② 鉄
③ 石灰石　④ 石炭

答えは次のページにあるよ→

Q1067 佐賀関の名物で、潮の流れの速い豊予海峡でとれる「関」のブランド名がついた魚とはなに？
❶サンマとサケ
❷サバとアジ
❸タイとヒラメ
❹アンコウとキンメダイ

Q1071 2002 FIFAワールドカップの際、カメルーン代表のキャンプ地に選ばれた村はどこ？
❶上津江村　❷米水津村
❸前津江村　❹中津江村

Q1068 大分市馬場の磯崎海岸一帯では、住民らがある動物のために浜をきれいにしようと取り組んでいるが、その動物とはなに？
❶海鳥　　❷ウミガメ
❸イルカ　❹ヤドカリ

Q1072 1979年、当時の平松守彦大分県知事が提唱してはじめられたもので、それぞれの地域に新しい特産品を開発して地域の活性化を図った運動はなに？
❶一町一品運動
❷一市一品運動
❸一村一品運動
❹一町内会一品運動

Q1069 大分県が全国のほぼ全量を生産している柑橘類といえばなに？
❶スダチ　　❷カボス
❸ポンカン　❹ユズ

Q1073 大分県で肉用や乳牛としてさかんに飼育される牛のブランド名はなに？
❶豊前牛　❷豊後牛
❸大分牛　❹高原牛

Q1070 臼杵市深田には九州で初の国宝に指定された磨崖仏がある。では、その国宝に指定された石仏は何体ある？
❶57体　❷58体
❸59体　❹60体

Q1074 県内には全国の八幡宮の総本宮があるが、その名前はなに？
❶伊勢神宮　❷宇佐神宮
❸明治神宮　❹香取神宮

福岡県の答え　1043.❸うそかえ・鬼すべ 「うそかえ」は今までのウソを福に交換しようという行事で、「鬼すべ」は鬼を追い出す行事のこと。　1044.❷博多どんたく　1045.❹肥前国　1046.菅原道真　1047.博多人形　1048.❷アジアIT特区　1049.車いすテニス　1050.❸久留米　1051.金印　1052.大宰府　1053.博多万能ねぎ　1054.❷松本清張　1055.❹関門 1942（昭和17）年に開通。　1056.❸八幡製鉄所　1057.❷競輪 1948（昭和23）年のこと。　1058.❷JR門司港駅 1914（大正3）年に完成。北九州市。

九州・沖縄エリア 熊本県

熊本県 KUMAMOTO

Q1075 熊本県の旧国名はなに？
① 肥前国　② 日向国
③ 肥後国　④ 薩摩国

Q1076 熊本県の名物に「○○○レンコン」がある。○○○に入る言葉はなに？
① しょうが　② にんにく
③ からし　　④ わさび

Q1077 全国一の収穫量をほこる、夏に欠かせない甘くておいしい果物はなに？
① キウイ　② もも
③ スイカ　④ パイナップル

Q1078 熊本県南部を流れる、日本三大急流のひとつに数えられる川の名前はなに？
① くま川　② しか川
③ うし川　④ きつね川

Q1079 熊本県の特産物のなかに「ヒゴムラサキ」があるが、これは何の一種？
① 赤かぶ　② 赤なす
③ だいこん　④ ぶどう

Q1080 県内には九州本土と天草諸島に囲まれた内海「八代海」があるが、その別名はなに？
① 蜃気楼海　② 不知火海
③ 天草灘　　④ 肥天水

Q1081 熊本・大分両県にまたがり、南北24km、東西18kmの世界一といわれるカルデラをもつ活火山の名前はなに？

Q1082 1607年、茶臼山とよばれた丘陵地に熊本城を築城したのはだれ？
① 前田利家　② 小西秀長
③ 佐々成政　④ 加藤清正

128

答えは次のページにあるよ→

Q 1083 熊本市にある熊本城の別名はなに？
❶白鷺城　❷銀杏城
❸白鷹城　❹肥後の浮城

Q 1087 山鹿市にある大宮神社の山鹿灯籠まつりでうたわれる民謡とはなに？
❶いろは節　❷よへほ節
❸やとろ節　❹よたれ節

Q 1084 荒尾市にある九州最大級のアミューズメントパークといえばなに？
❶グリーンセンター
❷グリーンパーク
❸グリーンランド
❹グリーンピア

Q 1088 国の重要文化財となっている、山都町にある石造の眼鏡橋の名前はなに？
❶霊台橋　❷虹潤橋
❸通潤橋
❹早鐘眼鏡橋

Q 1085 熊本県は畳表に使われる植物の生産量で日本一。その植物とはなに？

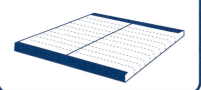

Q 1089 熊本県特産の「森のくまさん」と名のついた農産物があるが、それはなに？
❶スイカ　❷クリ
❸米　　　❹トウモロコシ

Q 1086 古くから熊本に伝わる地酒で、正月のお屠蘇やお祝い行事に地元では欠かせないお酒の名前はなに？
❶泡盛　❷古酒
❸赤酒　❹白濁酒

Q 1090 熊本県は「火の国」と言われるが、それはなぜ？
❶阿蘇山がよく噴火したから
❷熊本の人は火のなかから誕生したとされるから
❸古代住んでいた有力豪族の名前（火君）から
❹その昔、大火災があったから

大分県の答え　1059.❶豊前国と❷豊後国　1060.❶乾しいたけ 全国の生産量のおよそ約4割を占めている。1061.❸大友氏　1062.❷地獄　1063.❶別府温泉　1064.❹地熱　1065.❸緒方三社 建立した人の名にちなむ。1066.❸石灰石　1067.❷サバとアジ 関サバ、関アジ　1068.❷ウミガメ　1069.❷カボス　1070.❸59体　1071.❹中津江村　1072.❸一村一品運動　1073.❶豊後牛　1074.❷宇佐神宮

佐賀県 SAGA

九州・沖縄エリア 佐賀県

Q1091 佐賀県の旧国名はなに？
❶薩摩国 ❷肥前国
❸壱岐国 ❹大隅国

Q1092 佐賀県出身で、マンガ「サザエさん」の作者はだれ？
❶梶原一騎 ❷長谷川町子
❸やなせたかし ❹横山隆一

Q1093 佐賀県出身で、幕末から明治維新期の政治家で、司法権の独立、警察制度の統一に尽くした人はだれ？

Q1094 有明海や八代海の干潟に生息し、泥の中に穴をほってかくれがとする全長20センチ程度の淡水魚はなに？
❶オオサンショウウオ
❷ナメクジウオ
❸ムツゴロウ ❹ミヤコタナゴ

Q1095 佐賀県は隣りの県が2県しかなく、その2県は隣り合っていない。このような県は他に全国でいくつある？
❶0県 ❷1県
❸2県 ❹3県

Q1096 江戸の初期に「島原の乱」が起こったが、この乱の首謀者はだれ？
❶有馬晴信 ❷天草四郎
❸小西行長 ❹林兵左衛門

Q1097 明治時代に起こった「佐賀の乱」の首謀者はだれ？（答えは2つ）
❶江藤新平 ❷大久保利通
❸島義勇 ❹大隈重信

Q1098 物見やぐらや竪穴住居跡などが発掘された、弥生時代の大規模な遺跡はなに？
❶チカモリ遺跡
❷大中遺跡
❸吉野ヶ里遺跡
❹矢野遺跡

答えは次のページにあるよ→

Q1099 日本三大松原のひとつで、松浦川河口と玉島川河口との間の約4キロの白砂青松ラインを何という？
① 恋の松原　② 虹の松原
③ 天女の松原　④ 永遠の松原

Q1100 タレントの島田洋七の小説で、映画化された作品のタイトルはなに？
① 佐賀のきもいばあちゃん
② 佐賀のきもったまばあちゃん
③ 佐賀のがばいばあちゃん
④ 佐賀のすごいばあちゃん

Q1101 唐津市で毎年11月に行われる、神輿を先頭に趣向にとんだ山車が町を練り歩くことで有名なお祭りはなに？

Q1102 有田町を中心に生産され、有田焼ともいわれる焼物の名前はなに？
① 瀬戸焼
② 堤焼
③ 大谷焼
④ 伊万里焼

Q1103 有明海に面した東与賀海岸では、ある植物に由来するお祭りが開催されるが、そのお祭りとはなに？
① 唐津くんち
② シチメンソウまつり
③ 佐賀インターナショナルバルーンフェスタ
④ 呼子大綱引

Q1104 日本三大美肌の湯といわれる嬉野温泉の地名の由来となった人物はだれ？
① 光明皇后　② 弟橘媛
③ 瀬織津姫　④ 神功皇后

Q1105 昔から有明海の養殖で有名な海藻はなに？
① わかめ　② のり
③ もずく　④ こんぶ

Q1106 幕末の佐賀藩の財政立て直しや西欧からの技術の導入などで手腕を発揮した佐賀藩主はだれ？
① 鍋島直賢　② 鍋島直正
③ 鍋島直茂　④ 鍋島直孝

熊本県の答え　1075.③肥後国　1076.③からし　1077.③スイカ　1078.①くま川「球磨川」と書く。1079.②赤なす　1080.②不知火海　1081.阿蘇山　1082.④加藤清正　0843.②銀杏城　1084.③グリーンランド　1085.いぐさ　1086.③赤酒　1087.②よへほ節　1088.通潤橋　1089.③米　1090.③古代住んでいた有力豪族の名前（火君）から

131

長崎県 NAGASAKI

九州・沖縄エリア　長崎県

Q 1107 長崎県の海岸線の長さは4137kmあるが、これは全国で何番目の長さ？
❶1番目　❷2番目
❸3番目　❹5番目

Q 1108 長崎県の旧国名は、九州のある県と同じであるが、それは現在のどの県？

Q 1109 ある楽器と同じ名前で、生産量全国一番の果物はなに？

Q 1110 長崎空港は世界初の空港として有名だが、それはどのようなところが世界初なの？
❶海の上にある
❷山の頂上にある
❸街の真ん中にある
❹牧場の中にある

Q 1111 県民一人あたりの消費量が日本一となるある動物の肉とはなに？
❶鹿肉　❷豚肉
❸鯨肉　❹鶏肉

Q 1112 日本本土（離島を含まない）の最も西にある岬はどこ？
❶御立岬　❷天神岬
❸神崎鼻　❹佐田岬

Q 1113 県を代表するお菓子といえばなに？
❶小城ようかん　❷カステラ
❸チーズまんじゅう
❹銘菓ひよ子

Q 1114 そのお菓子を伝えたのはなに人？

答えは次のページにあるよ→

Q1115 佐世保市にあるオランダの街並みを再現している有名なテーマパークといえばなに？
1. フェニックス・シーガイア・リゾート
2. ハーモニーランド
3. ハウステンボス
4. スペースワールド

Q1116 第二次世界大戦時に長崎市に落とされた原爆の被害、戦争の悲劇を二度と繰り返さないように、多くの人々の募金によってつくられた銅像の名前は？

Q1117 1991（平成3）年に198年ぶりに噴火した長崎県の島原半島中央部にある火山の名前はなに？

Q1118 長崎県は日本一島が多い県だが、長崎県の島でないのはどれ？
1. 壱岐島　2. 大島
3. 対馬島　4. 竹島

Q1119 県の離島に本当にいる希少野生動物は？
1. ツシマネズミ
2. ツシマヤマネコ
3. ツシママングース
4. ツシマクマ

Q1120 江戸時代にオランダ人を住まわせた、扇形をした人工島はなに？

Q1121 幕末の外国人居留地で最大の商人といわれたのはだれ？
1. タウンゼント・ハリス
2. ヘンリー・ヒュースケン
3. トーマス・グラバー
4. ウィリアム・マーシャル

Q1122 県内には現存する日本で最も古い教会がある。それはなに？
1. ニコライ堂　2. 大浦天主堂
3. 早稲田キリスト教会
4. 黒島天主堂

佐賀県の答え　1091.❷肥前国　1092.❷長谷川町子　1093.江藤新平　1094.❸ムツゴロウ　1095.❶県　1096.❷天草四郎　1097.❶江藤新平と❸島義勇　1098.❸吉野ヶ里遺跡　1099.❷虹の松原　1100.❸佐賀のがばいばあちゃん　1101.唐津くんち　1102.❹伊万里焼　1103.❷シチメンソウまつり　1104.❹神功皇后　その温泉に「あな、うれしいの」との喜びの言葉から。　1105.❷のり　1106.❷鍋島直正

宮崎県 MIYAZAKI

Q1123 宮崎県の旧国名はなに？
❶日南国 ❷日向国
❸延岡国 ❹都城国

Q1124 宮崎名産の「太陽のタマゴ」といえばなに？
❶ヤシのみ ❷オレンジ
❸宮崎地鶏の卵 ❹マンゴー

Q1125 県内にある日本最大級の古墳群といえばなに？
❶生目古墳群 ❷児屋根塚古墳
❸西都原古墳群 ❹千畑古墳

Q1126 フランス語で「辛みのない唐辛子」の意味をもつ名前で、宮崎県が全国で1、2を競う生産量をほこる野菜はなに？
❶キャベツ ❷レタス
❸ピーマン ❹ネギ

Q1127 宮崎市の野島神社に伝わる伝説とはなに？
❶ツルの恩返し ❷桃太郎
❸浦島太郎 ❹笠地蔵

Q1128 県の最も南にある都井岬に生息しており、天然記念物に指定されている野生動物はなに？
❶牛 ❷羊 ❸ヤギ ❹馬

Q1129 日向市ではハマグリのからからなにをさかんにつくっている？
❶肥料 ❷置き物
❸碁石 ❹将棋のコマ

Q1130 「鬼の洗濯板」とよばれる独特な地形の海岸をもつ有名な島はなに？
❶青島 ❷乙島
❸幸島 ❹築島

答えは次のページにあるよ→

Q 1131 ビロウなどの亜熱帯性植物が生育する県南部の海岸の名前はなに？
❶日南海岸 ❷浦富海岸
❸山陰海岸 ❹ヒスイ海岸

Q 1135 別名「黒皮かぼちゃ」といわれる県特産のかぼちゃはなに？
❶小菊かぼちゃ
❷日向かぼちゃ
❸えびすかぼちゃ
❹鹿ヶ谷かぼちゃ

Q 1132 宮崎市出身で、シドニーオリンピックで金メダルを獲得した柔道家といえばだれ？
❶穴井隆将 ❷大迫明伸
❸井上康生 ❹古賀稔彦

Q 1136 現在の宮崎県になる前になに県の一部だった？
❶佐賀県 ❷長崎県
❸鹿児島県 ❹熊本県

Q 1133 日之影町には約5万年前の遺跡があるが、それはなに？
❶後牟田遺跡 ❷一ノ坂遺跡
❸出羽洞窟 ❹大境洞窟住居跡

Q 1137 県を代表する郷土料理は次のうちのどれ？
❶馬刺し ❷冷や汁
❸いかすみ汁 ❹深川丼

Q 1134 宮崎県を中心に飼育されている鶏の品種に「みやざき地頭鶏」があるが、「地頭鶏」はなんとよむ？
❶じとうどり ❷じとっこ
❸じとうにわとり ❹じずけい

Q 1138 宮崎市にある遊園地の名前はなに？
❶こどもタウン
❷こどものくに
❸こどもパーク
❹こどものまち

長崎県の答え　1107.❷2番目 一番は北海道。　1108.佐賀県 肥前国。　1109.びわ 実のかたちが楽器の琵琶に似ているから。　1110.❶海の上にある 世界で初めて海を埋め立ててつくった海上空港。　1111.❸鯨肉　1112.❷神崎鼻 佐世保市。　1113.❷カステラ　1114.ポルトガル人 400～500年ほど前に伝えられた。　1115.❸ハウステンボス　1116.平和祈念像　1117.雲仙普賢岳　1118.❹竹島 島根県。　1119.❷ツシマヤマネコ 対馬島だけに生息している。　1120.出島　1121.❸トーマス・グラバー　1122.❷大浦天主堂

135

鹿児島県 KAGOSHIMA

九州・沖縄エリア　鹿児島県

Q1139 日本で一番大きいロケット発射場があるのは？
①奄美大島　②硫黄島
③種子島　④竹島

Q1140 世界遺産にもなっている縄文杉で有名な島の名前はなに？

Q1141 鎌倉時代から明治時代になるまで、この地域一帯を支配していた一族はなに？
①加藤氏　②朝倉氏
③島津氏　④伊東氏

Q1142 大隅半島の南方海上の種子島には、日本ではじめてなにが伝わった場所？
①空手　②仏教
③キリスト教　④鉄砲

Q1143 鹿児島県で名物の家畜はなに？
①ハイブリッドぶた
②富士幻豚
③黒ぶた
④高座ぶた

Q1144 鹿児島市にある、薩摩藩主島津斉彬によって造られた博物館はなに？
①弘道館　②尚古集成館
③足利学校　④明徳館

Q1145 鹿児島県のかつお節生産量は日本一。そのかつお節のなかで、何度もカビを生やして熟成させた高級品はなんという？
①本格節　②本枯節
③本造節　④本道節

Q1146 桜島は3つの山からなる火山島。その3つに入らないのはどれ？
①北岳　②上岳
③中岳　④南岳

答えは次のページにあるよ→

Q 1147 世界一大きなだいこんとして知られる県の特産品はなに？

Q 1148 県内に本当にある地名はどれ？
❶志布井市 志布井町 志布井
❷志布志市 志布志町 志布志
❸志布市 志布町 志布

Q 1149 鹿児島市内にある西郷隆盛をたてまつる廟の名前はなに？
❶薩洲神社 ❷南洲神社
❸武洲神社 ❹北洲神社

Q 1150 今の鹿児島県はかつては薩摩国と大隅国とに分かれていたが、薩摩国、大隅国といわれはじめたのはなん世紀ごろのことか？
❶5世紀のころ
❷8世紀のころ
❸14世紀のころ
❹19世紀のころ

Q 1151 18世紀初頭、琉球からさつまいもを持ちかえって鹿児島の地で栽培を広めた人物は前田利右衛門だが、その人の職業はなに？
❶藩の役人
❷百姓
❸漁師
❹絵師

Q 1152 さつまいもの栽培方法を、江戸時代中期に関東地域に広めた人物はだれ？
❶青木功 ❷青木昆陽
❸青木市兵衛 ❹青木重成

Q 1153 屋久島の代表的な縄文杉の推定樹齢は約何年といわれている？
❶2000年 ❷5000年
❸7000年 ❹2万年

Q 1154 鹿児島名産のさつま揚げ、なにでできている？
❶米粉 ❷豚肉
❸魚のすり身 ❹さつまいも

宮崎県の答え 1123.❷日向国 1124.❹マンゴー 1125.❸西都原古墳群 1126.❸ピーマン 1127.❸浦島太郎 1128.❹馬 1129.❸碁石 1130.❶青島 1131.❶日南海岸 青島付近から都井岬までの海岸。 1132.❸井上康生 1133.❸出羽洞窟 1134.❷じとっこ 1135.❷日向かぼちゃ 1136.❸鹿児島県 1137.❷冷や汁 1138.❷こどものくに 青島リゾートこどものくに。

沖縄県 OKINAWA

Q1155 沖縄県の名物料理として「ゴーヤーチャンプルー」が有名。この「チャンプルー」は沖縄方言であるが、どんな意味？
❶いためる
❷ごちゃ混ぜにする
❸おいしく食べる
❹たまごと混ぜる

Q1156 沖縄には三味線ににた楽器「三線」があるが、これにはある動物の皮が張られている。それはなんの皮？
❶ねこ　❷ねずみ
❸ヘビ　❹カエル

Q1157 琉球王国時代に、その王の城である首里城を守るための門の名前はなに？
❶無礼門　❷失礼門
❸御礼門　❹守礼門

Q1158 波照間島といえば？
❶日本最西端の無人島
❷日本最南端の有人島
❸日本最西端の有人島
❹日本最南端の無人島

Q1159 波照間の名前の由来は？
❶月が波を照らす島
❷太陽が波を照らす島
❸さい果てのうるま（さんご礁）の島
❹日本の果ての南の島

Q1160 日本で最も西にある与那国島に生息する「ヨナグニサン」という虫は世界最大のなに？
❶チョウ　❷ガ
❸セミ　❹イモムシ

Q1161 沖縄の民家の屋根の上に置かれている獅子ににた姿をした守り神はなに？

Q1162 毎年4月に、宮古島で開催される国内最大級のスポーツイベントはなに？
❶ウィンドサーフィン宮古島大会
❷サーフィン宮古島大会
❸トライアスロン宮古島大会
❹ヨット宮古島大会

答えは次のページにあるよ→

Q 1163 世界遺産にも登録されている座喜味城跡には、沖縄県内の城には見られない特徴がある。それはなに？
① 石垣の石の積み方が特殊
② 天井が無い構造
③ 周囲に濠がある
④ 石門の形状が半円形(アーチ状)につくられている

Q 1164 琉球王国最初の統一王朝を成立させた人物といえばだれ？
① 護佐丸　② 尚巴志
③ 尚円王　④ 尚泰久王

Q 1165 沖縄の海で見られる美しい石灰質の岩礁はなに？

Q 1166 県のほぼ中心部にある「読谷村」。これなんとよむ？
① どくやむら
② よみたんそん
③ よみたにむら
④ よみたにそん

Q 1167 西表島で発見された特別天然記念物の動物はなに？
① ワシ　② ヤマネコ
③ 野ブタ　④ オオカミ

Q 1168 イネ科の熱帯性の多年草で甘蔗ともいい、主に沖縄県と奄美群島を中心に栽培されている植物の名前は？

Q 1169 県内で亜熱帯気候を生かして生産される代表的な果物はなに？
① いちご　② パイナップル
③ ドリアン　④ ラ・フランス

Q 1170 沖縄県には「紅型」という代表的な伝統工芸品があるが、これってなに？
① 染物　② ガラス工芸品
③ 貝殻工芸品　④ 陶器

鹿児島県の答え　1139.③種子島 種子島宇宙センター。 1140.屋久島　1141.③島津氏　1142.④鉄砲　1143.③黒ぶた　1144.②尚古集成館　1145.②本枯節　1146.②上岳　1147.桜島だいこん　1148.② 志布志市 志布志町 志布志　1149.②南洲神社　1150.②8世紀のころ 大和朝廷の支配がはじまったのがこのころ。 1151.③漁師　1152.②青木昆陽　1153.③7000年 あくまでも有力な説として。 1154.③魚のすり身

エリア別 北海道・東北エリア

エリア別クイズ 九州・沖縄エリア

Q 1175 全国各地域のなかで、九州地方で最も多くとれる果物は次のうちのどれ？
❶びわ ❷ぶどう ❸バナナ

Q 1171 福岡、佐賀、長崎の3県にまたがる山地をなんという？
❶九州山地 ❷筑紫山地 ❸筑前山地

Q 1172 九州・沖縄地方で最も人口の多い県はどこ？
❶福岡県 ❷大分県 ❸鹿児島県

Q 1176 九州の中央部を北東から南西の方向に走っている山地のことをなんという？
❶九州中央山地 ❷熊本山地 ❸九州山地

Q 1173 全国各地域のなかで、九州地方で最も多くとれる野菜は次のうちのどれ？
❶キャベツ ❷トマト ❸かぼちゃ

Q 1177 福岡と佐賀の両県にまたがる九州最大の平野はなに？
❶八代平野 ❷筑紫平野 ❸福岡平野

Q 1174 九州・沖縄地方で最も面積の広い県はどこ？
❶大分県 ❷鹿児島県 ❸福岡県

Q 1178 九州・沖縄地方で最も高い山は宮之浦岳（高さ1936m）だが、この山はなに県にある？
❶大分県 ❷鹿児島県 ❸熊本県

答えは次のページにあるよ→

Q 1179 九州地方と関東地方（茨城、栃木、群馬、埼玉、千葉、東京、神奈川）の各都県の面積を比べた場合、どちらが広い？
❶九州地方　❷関東地方

Q 1182 鹿児島と宮崎の両県にまたがる霧島屋久国立公園のなかにある開聞岳には、九州最大のカルデラ湖がある。その湖の名前はなに？
❶神楽女湖　❷池田湖
❸志高湖

Q 1183 また、同じ地域には大規模な火口湖もある。その名前は次のうちのどれか？
❶どじょう池　❷うなぎ池
❸なまず池

Q 1180 長崎、熊本、鹿児島の3県にまたがって、雲仙天草国立公園があるが、このなかにある天草をおさめた安土桃山時代のキリシタン大名はだれ？
❶加藤清正　❷龍造寺家兼
❸小西行長

Q 1181 福岡、佐賀、熊本、大分の4県にまたがって流れる九州最大の川の名前はなに？
❶遠賀川　❷筑後川
❸大野川

Q 1184 その地域には温泉場として全国的に有名な「指宿温泉」があるが、これってなんとよむ？

沖縄県の答え　1155.❷ごちゃ混ぜにする　1156.❸ヘビ　1157.❹守礼門　1158.❷日本最南端の有人島　1159.❸さい果てのうるま（さんご礁）の島　1160.❷ガ　1161.シーサー　1162.❸トライアスロン宮古島大会　1163.❹石門の形状が半円形（アーチ状）につくられている　1164.❷尚巴志　1165.さんご礁　1166.❷よみたんそん　1167.❷ヤマネコ イリオモテヤマネコ　1168.サトウキビ　1169.❷パイナップル　1170.❶染物

全国縦断クイズ その16
まだまだあるよ日本で一番！

地図のどこに当てはまるかをやってみよう！

答え方：まず四角の枠の中からアルファベットを選び、次に地図の番号を選んでね。

Q1185 日本一大きな池、湖山池がある県はどこ？

Q1186 すももの生産量が一番多い県はどこ？

Q1187 古墳が一番多い県はどこ？

Q1188 ゆず生産量が一番多い県はどこ？

Q1189 ごぼうの生産量が一番多い県はどこ？

Q1190 楽器のピアノの生産量が一番多い県はどこ？

Q1191 こいのぼりの生産量が一番多い県はどこ？

Q1192 日本一温泉の多い県はどこ？

Q1193 西洋梨の生産量が一番多い県はどこ？

答えは次のページにあるよ→

Q 1196 じゅんさいの生産量が一番多い県はどこ？

Q 1197 日本一広い露天風呂がある県はどこ？

Q 1194 栗の生産量が一番多い県はどこ？

Q 1198 きくの生産量が一番多い県はどこ？

Q 1195 日本一広い市のある県はどこ？

Q 1199 お好み焼き、焼きそば、たこ焼き店の人口1万人当たりの店舗数が一番多い県はどこ？

Q 1200 きゅうりの生産量が一番多い県はどこ？

答えはここから選ぼう！

a. 山梨県　　i. 秋田県
b. 鳥取県　　j. 山形県
c. 広島県　　k. 茨城県
d. 青森県　　l. 岐阜県
e. 兵庫県　　m. 和歌山県
f. 静岡県　　n. 高知県
g. 埼玉県　　o. 愛知県
h. 北海道　　p. 宮崎県

九州・沖縄エリアの答え　1171.❷筑紫山地　1172.❶福岡県 約508万人。　1173.❷トマト　1174.❷鹿児島県 9187km²。　1175.❶びわ　1176.❸九州山地　1177.❷筑紫平野　1178.❷鹿児島県 屋久島にある。　1179.❶九州地方 42,165km²、関東地方は32,421km²。　1180.❸小西行長　1181.❷筑後川 長さ143km。　1182.❷池田湖　1183.❷うなぎ池　1184.いぶすきおんせん

143

全国縦断クイズ その16の答え　1185. b.⑬鳥取県　周囲18km、面積7.0km²。　1186. a.⑦山梨県　1187. e.⑫兵庫県　18,351 ヵ所もある。　1188. n.⑮高知県　1189. d.②青森県　1190. f.⑧静岡県　1191. g.⑥埼玉県　1192. h.①北海道　230の温泉がある。　1193. j.④山形県　1194. k.⑤茨城県　1195. l.⑩岐阜県　高山市、2179km²で東京都と同じくらいの広さ。　1196. i.③秋田県　1197. m.⑪和歌山県　幅は15〜20m、長さは50mの自然温泉がある。　1198. o.⑨愛知県　1199. c.⑭広島県　1200. p.⑯宮崎県

監修者紹介

県民.com

ふるさと会・県人会・イベント等の情報を網羅した日本最大級のポータルサイト。
http://ken-min.com/
2010年1月公開。首都圏男鹿の会の役員でもあった鈴木仁司が立ち上げた。「日本が元気になるにはまず地方から」が持論。地域活性のプロジェクトとして県人会の活動報告やイベント・特産品情報の配信、商品の販売等の支援をしている。

執筆者紹介

宮腰良一　県民検定協会会長

1948年生まれ。秋田県出身。早稲田大学政経学部を卒業後、新聞社に入社。その後、義父経営の造船関連機器メーカー、CBSソニー販売会社に勤務後、出版社に入社。出版社時代の1994年にインターネットに出会う。2000年株式会社飛龍を起業。以降、インターネット関連の仕事をしながら、ネットを使ったコンテンツの企画・配信を行う。2010年「県民検定協会」を設立、会長に就任。http://www.kenmin-kentei.com/

企画・構成・執筆協力：有限会社イー・プランニング　須賀柾晶
本文デザイン：山田香織
イラスト：袴田里奈（県民.com）

小学生の勉強に役立つ！
日本全国47都道府県まるわかりクイズ1200

2018年12月25日　　第1版・第1刷発行

監修者　　県民.com（けんみんどっとこむ）
発行者　　メイツ出版株式会社
　　　　　代表者　三渡　治
　　　　　〒102-0093　東京都千代田区平河町一丁目1-8
　　　　　TEL　03-5276-3050（編集・営業）
　　　　　　　　03-5276-3052（注文専用）
　　　　　FAX　03-5276-3105
印　刷　　三松堂株式会社

●本書の一部、あるいは全部を無断でコピーすることは、法律で認められた場合を除き、著作権の侵害となりますので禁止します。
© イー・プランニング,2011,2015,2018.ISBN978-4-7804-2115-6 C8025 Printed in Japan.

ご意見・ご感想はホームページから承っております
メイツ出版ホームページアドレス　http://www.mates-publishing.co.jp/
編集長：折居かおる　副編集長：堀明研斗　企画担当：折居かおる／清岡香奈

※本書は2015年発行の『小学生の勉強に役立つ！日本全国47都道府県おもしろクイズ1200』を元に加筆・修正を行っています。